Katrin Unterreiner

Kaiser Franz Joseph

Eine Lebensgeschichte in 100 Objekten

Katrin Unterreiner

Franz Joseph

Eine Lebensgeschichte in 100 Objekten

Mit 177 Abbildungen

AMALTHEA

MIX
Papier aus verantwortungsvollen Quellen
FSC® C084279
www.fsc.org

Besuchen Sie uns im Internet unter: www.amalthea.at

Umschlaggestaltung: Elisabeth Pirker, OFFBEAT
Umschlagabbildungen: Landessammlungen Niederösterreich – Kaiserhaussammlung
Satz und Herstellung: Gabi Adébisi-Schuster
Gesetzt aus der Clara Serif 9,6/12
Printed in the EU
ISBN 978-3-99050-035-4

Inhalt

Zu diesem Buch

Die Kaiserhaussammlung Plachutta ist mit derzeit rund 2000 Exponaten nicht nur die weltweit größte private Sammlung ihrer Art, sondern verfügt vor allem über Unikate von größter historischer sowie kulturhistorischer Bedeutung. Besonderen Schwerpunkt legt die Familie Plachutta, die im Jahr 2006 mit dem Aufbau der Sammlung begonnen hat, auf Objekte aus dem Privatbesitz und persönlichen Gebrauch der kaiserlichen Familie. Jedes einzelne Objekt ist untrennbar mit der jeweiligen historischen Person verbunden und erzählt eine spannende – und ganz persönliche – Geschichte. So wird nicht nur die Historie des österreichischen Kaiserhauses und der k. u. k. Monarchie lebendig, sondern vor allem die Alltagskultur der kaiserlichen Familie. Und nicht zuletzt werden in erster Linie die Habsburger abseits ihrer repräsentativen Rolle als Privatmenschen erlebbar. Die Objekte erzählen sowohl vom Prunk des österreichischen Kaiserhauses und Wiener Hofes, der Macht und historischen Bedeutung einer der führendsten Dynastien Europas als auch von den persönlichen Schicksalen, Sehnsüchten, Leidenschaften und Tragödien der Monarchen von Kaiserin Maria Theresia über Kaiser Franz Joseph, Kaiserin Elisabeth und Kronprinz Rudolf bis zum letzten österreichischen Kaiser Karl I.

Kaiser Franz Joseph nimmt in der Sammlung einen besonderen Stellenwert ein, womit die Idee nahelag, ihn anlässlich des Gedenkjahres zum 100. Todestag anhand von ausgewählten Objekten aus der Sammlung zu porträtieren und gleichzeitig erstmals die unzähligen Highlights der Sammlung zu publizieren.

Ein Großteil der Sammlung stammt aus der alljährlichen traditionsreichen Kaiserhausauktion des Wiener Dorotheum, dem wir für seine großzügige Unterstützung durch die Zurverfügungstellung seiner Abbildungen für diese Publikation danken möchten.

Seit Ende des Jahres 2015 steht die Kaiserhaussammlung Plachutta im Eigentum des Landes Niederösterreich und ist Teil der Landessammlungen Niederösterreich, die als öffentliche Sammlung rund 6 Millionen museale Objekte sammelt, bewahrt, erforscht und der Öffentlichkeit zugänglich macht. Damit ist sichergestellt, dass die über viele Jahre aufgebaute Kaiserhaussammlung geschlossen in Österreich verbleibt. Als kulturelles Erbe werden die Objekte in den Landessammlungen Niederösterreich nicht nur für die folgenden Generationen erhalten, sondern über Ausstellungen wie etwa im Haus der Geschichte Niederösterreich Besucherinnen und Besuchern zugänglich gemacht.

Kaiserlich österreichischer Doppeladler,
Holz geschnitzt und vergoldet, um 1900

Kaum ein Monarch prägte die Geschichte Europas so nachhaltig wie Kaiser Franz Joseph. Dazu trug aber weniger seine politische Bedeutung bei als die Tatsache, dass er unvergleichlich lange regierte – 68 Jahre – und damit zu einer Institution wurde. Eine der letzten Zeitzeuginnen der francisco-josephinischen Epoche, Nora Fürstin Fugger, schrieb in ihren Lebenserinnerungen über den Kaiser: »Er verkörperte den Typus unnahbarer Souveränität. Kaiser Franz Joseph ist im Laufe seiner achtundsechzigjährigen Regierung zu einem Wahrzeichen Österreichs und seiner Residenzstadt geworden. Er hat der Epoche das Gepräge gegeben.«[1]

Doch wer war der Mensch hinter dem Wahrzeichen?

Darstellung Kaiser Franz Josephs in verschiedenen Lebensaltern von ca. 1833 bis 1916. Bildnismedaillons um die zentrale Darstellung seiner Mutter Erzherzogin Sophie mit dem kleinen Erzherzog, nach dem Gemälde von Joseph Stieler gruppiert. Bezeichnet mit »Gott erhalte Gott beschütze unsern Kaiser«, um 1916

Kaiserliche Kindheit

[1] Erzherzogin Sophie und Erzherzog Franz Karl,
historische Fotografien aus dem Familienalbum des Kaisers

1 Franz Josephs Mutter, Erzherzogin Sophie, war eine außergewöhnliche Frau. Die Tochter des bayerischen Königs Maximilian Joseph I. war selbstbewusst, willensstark, hatte einen scharfen Verstand, sie war gebildet – und vor allem ehrgeizig. Ihre Schwestern hatten alle glänzende Partien gemacht und waren Königinnen von Sachsen und von Preußen geworden, ihre Halbschwester Karolina Augusta war als vierte Gemahlin Kaiser Franz' I. sogar österreichische Kaiserin geworden. Sie war es auch, die ihre jüngere Schwester ins Gespräch brachte, als es darum ging, den zweiten Sohn des Kaisers, Erzherzog Franz Karl, zu verheiraten. Hochzeiten waren politische Geschäfte, man vergesse nicht den berühmten Ausspruch über die habsburgische Heiratspolitik: »Bella gerant alii – tu felix Austria nube« – »Andere mögen Kriege führen – Du, glückliches Österreich, heirate!« Diese Devise galt allerdings für alle Dynastien. Töchter waren Spielbälle der Politik, wurden dementsprechend erzogen und fügten sich meist widerspruchslos den Entscheidungen der Eltern. Die Erhaltung der Dynastie war oberstes Prinzip, oder wie es Staatskanzler Metternich formulierte: »Wir heiraten, um Kinder zu haben, und nicht, um die Sehnsüchte unserer Herzen zu stillen.«

Erzherzog Franz Karl war zwar nicht wie sein älterer Bruder, Kronprinz Ferdinand, schwer krank, aber dennoch geistig minderbegabt, unattraktiv und definitiv kein gleichwertiger Partner für Sophie. Das erste Zusammentreffen war für sie ein Schock und sie schrieb an ihre Mutter: »il est terrible [er ist schrecklich] ... Mich würde er zu Tode langweilen!«[2] Dennoch – der Thronfolger war krank, man sagte ihm ein kurzes Leben voraus und somit gab es für Sophie eine realistische Chance, durch diese Heirat selbst einmal Kaiserin zu werden. Im Jahr 1824 fand die Hochzeit des ungleichen Paares statt, 1830 wurde der ersehnte Sohn geboren. Ganz im Gegensatz zu ihrem Gemahl war die Erzherzogin politisch interessiert und verstand es, in kurzer Zeit wichtige Verbündete und Vertraute zu finden. Da sich zeigte, dass der Hof, und allen voran Kaiser Franz, ganz vernarrt in ihren kleinen »Franzi« war, verfolgte sie nun konsequent ein Ziel: Ihr Sohn sollte einmal Kaiser werden.

2 Sophie war zwar eine ehrgeizige Mutter, die ihr Ziel, ihren Sohn zum Kaiser zu machen, konsequent verfolgte, doch war sie auch eine fürsorgliche und stolze Mutter. »Franzi«, wie der kleine Erzherzog in der Familie genannt wurde, war ihr Ein und Alles, und Sophie war glücklich, dass ihr »le petit chou« – anders als seine Brüder – keine Probleme machte. Der zweitgeborene Sohn Ferdinand Max war überschwänglich, oft unkonzentriert und ausgelassen. Sophie behagte »Maxis« kindliches Naturell wenig und sie schrieb an ihre Mutter: »Maxi ist sehr faul und schwätzt zu viel, weil seine lebhafte Phantasie ihn wider seinen Willen mit sich reißt. Er wird häufig ausgezankt, aber es ist, als spräche man zu einer Kuh.« Vor allem aber ihr dritter Sohn, Karl Ludwig, machte Sophie große Sorgen: »Er macht den Eindruck eines dicken, kleinen Bauernbuben und wenn der Hofpfarrer nach Aufbietung seiner ganzen Geduld glaubt, ihm etwas begreiflich gemacht zu haben, da sagt er ein einziges Wort, aus dem erhellt, dass er aber schon gar nichts verstanden hat.«[3]

Im Unterschied zu Franz Joseph, der von frühester Kindheit an geradezu zum Kaiser dressiert wurde, wuchsen seine Brüder unbeschwert auf. Dennoch hatten die Brüder als Kinder ein sehr inniges Verhältnis und verbrachten viel Zeit miteinander.

[2] Die Erzherzoge Franz Joseph, Ferdinand Max und Karl Ludwig, Lithographie von Joseph Kriehuber, 1844

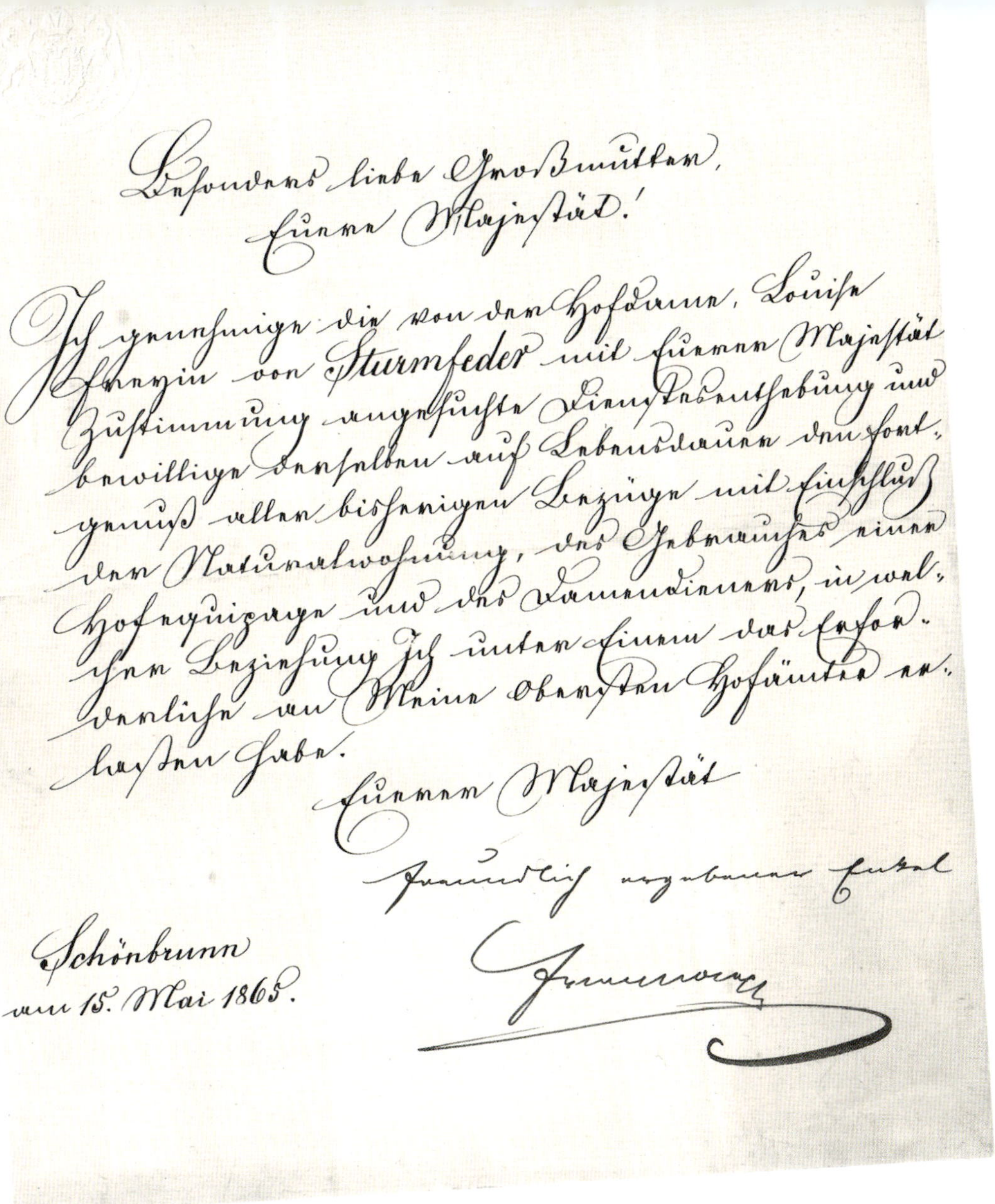

Besonders liebe Großmutter,
Euere Majestät!

Ich genehmige die von der Hofdame Louise Freyin von Sturmfeder mit Euerer Majestät Zustimmung angesuchte Dienstesenthebung und bewillige derselben auf Lebensdauer den Fortgenuß aller bisherigen Bezüge mit Einschluß der Naturalwohnung, des Gebrauches eines Hofwagens und des Kammerdieners, in welcher Beziehung ich unter Einem das Erforderliche an Meine Obersten Hofämter erlassen habe.

Euerer Majestät

freundlich ergebener Enkel

Franz Joseph

Schönbrunn
am 15. Mai 1865.

[3] »Allerhöchstes Handschreiben« des Kaisers mit eigenhändiger Unterschrift die Pensionierung seiner Kinderfrau Baronin Sturmfeder betreffend

3 Mit dem vollendeten sechsten Lebensjahr folgte eine große Zäsur im Leben des kleinen Erzherzogs, der bis dahin zusammen mit seinen Brüdern in der sogenannten Kindskammer aufgewachsen und von seiner »Amie«, wie er seine Aja (Erzieherin) Louise Baronin Sturmfeder zärtlich nannte, betreut und erzogen worden war. Nun

musste er ein eigenes Appartement beziehen und kam der Tradition entsprechend »zu den Männern«. Da seine Aja seine Hauptbezugsperson gewesen war, die er wie eine Mutter liebte, war diese Trennung sehr hart und auch Baronin Sturmfeder brach es das Herz, ihren Franzi hergeben zu müssen und von nun an, dem Protokoll entsprechend, auch keinen Kontakt mehr zu ihm haben zu dürfen. Sie blieb zunächst noch Aja seiner jüngeren Brüder, als aber auch diese schließlich der Kindskammer entwachsen waren, erhielt sie zwar eine kleine Wohnung in der Hofburg, sah »ihre Kinder« jedoch meist nur noch von Weitem. Der Überlieferung nach bestand ihr einziger Kontakt zu den Buben, die sie auch ihrerseits in ihrem neuen »Männerhaushalt« schmerzlich vermissten, darin, dass ihr die Kinder, die ein Stockwerk über ihr wohnten, geheime Botschaften und Geschenke, die sie an einem Bindfaden herabließen, schickten und sie auf demselben Wege mit kleinen Bildern und Briefen antwortete. In ihrem Tagebuch notierte sie verzweifelt: »Über meinem Kopfe trappen sie den ganzen Tag herum, ich bin also gezwungen an sie zu denken und im Garten seh ich sie und darf nicht zu ihnen, muss ihnen ausweichen. Es ist eine namenlose Pein. Habe ich sie denn nicht lieb genug gehabt? Wäre es nicht Glück für mich, hätte ich sie nie lieb gehabt?«[4] Schließlich fand sich eine glückliche Lösung: Louise Sturmfeder wurde ins Gefolge der Kaiserinwitwe Caroline Auguste aufgenommen. Damit hatte sie wieder engen Kontakt zu »ihren Kindern«, da diese regelmäßig Besuch von ihrer Großmutter, zu der sie eine sehr innige Beziehung hatten, erhielten und diese nun von ihrer »Amie« begleitet wurde.

Um seine Ziehmutter gut versorgt zu wissen, wies ihr Franz Joseph schließlich in diesem Schreiben eine lebenslange Pension zu: »Besonders liebe Großmutter, Eure Majestät! Ich genehmige die von der Hofdame Louise Freyin von Sturmfeder mit Euerer Majestät Zustimmung angesuchte Dienstenthebung und bewillige derselben auf Lebensdauer den Fortgenuß aller bisherigen Bezüge mit Einschluß der Naturalwohnung, des Gebrauches einer Hofequipage und des Damendiners, in welcher Beziehung Ich unter Einem das erforderliche an Meine Obersten Hofämter erlaßen habe. Eurer Majestät treulich ergebener Enkel Franz Joseph, Schönbrunn am 15. Mai 1865.«

[4] Das »Wettrennen am 29. May 1842«,
eigenhändige Zeichnung des zwölfjährigen Erzherzogs

4 Im Alter von zwölf Jahren hielt Erzherzog Franz ein »Wettrennen« fest, das am 29. Mai 1842 mit seinen Freunden auf einer Rennbahn im Burggarten veranstaltet worden war. Teilgenommen hatten die Söhne seines Kammervorstehers Carl (Charly) und Markus Bombelles, die Söhne des Staatskanzlers Richard und Paul Metternich, »Franzis« jüngerer Bruder Ferdinand Max, Franz Coronini, der Sohn seines Erziehers, und Dionys (Dénes) Széchényi, der ebenfalls zum engsten Umfeld des Erzherzogs zählte. Die Burschen trugen in sportlicher Kleidung offenbar auch ein Fechtturnier aus.

Die Zeichnung stellt einen der wenigen ausgelassenen Momente im Leben des jungen Erzherzogs dar, der von Kindheit an zum Kaiser gedrillt wurde. Im Jahr, als diese Zeichnung entstand, wurde sein Stundenplan auf fünfzig Wochenstunden erweitert. Er lernte neben Deutsch, Französisch, Ungarisch, Tschechisch und Latein Geschichte, Geographie, Rechtskunde, Politikwissenschaft, Physik, Chemie, Mathematik – und vor allem Religion. Dazu kam noch Tanzen, Reiten, Exerzieren. Sein Weltbild wurde konsequent klerikal und militärisch geprägt – Werte, die später seine gesamte Regierungszeit prägen sollten. Am Abend standen neben Verwandtenbesuchen – meist seiner Großmutter, Onkel und Tanten – auch Theateraufführungen oder Kinderbälle auf dem Programm, um den Erzherzog auf das gesellschaftliche Parkett vorzubereiten. Franz versuchte stets, die in ihn gesetzten Erwartungen zu erfüllen, und verrichtete verlässlich seine Pflicht – ausgelassene Stunden mit Gleichaltrigen waren eine absolute Seltenheit, unter anderem auch, um seine erhabene Stellung zu betonen. Umso mehr freute sich der Zwölfjährige über diese Ausnahme und hielt sie in einer Skizze fest. Sie zeugt auch vom zeichnerischen Talent, das Franz Joseph als Jugendlicher entwickelte. Während sich der spätere Kaiser bereits seit seiner frühesten Jugend vor allem für alles Militärische interessierte und sich als völlig unmusikalisch und wenig kunstbegeistert erwies, gehörte Zeichnen nicht nur zu seinen Lieblingsfächern, sondern war auch das einzige künstlerische Talent, über das er verfügte.

Der junge Kaiser

5 Als im Zuge der bürgerlichen Revolution 1848 absehbar wurde, dass mit dem schwachen und kranken Kaiser Ferdinand für die Monarchie ernsthafte Gefahr bestand, war Sophies Stunde gekommen. Da bald deutlich war, dass der Kaiser werde abdanken müssen, und auch Franz Josephs Vater, Franz Karl, nicht die Persönlichkeit war, der man die nötige Intelligenz, Tatkraft und das entsprechende Auftreten zutraute, war immer öfter vom jungen Erzherzog Franz als Nachfolger die Rede. Sophie war an ihrem Ziel angelangt: Ihr Sohn sollte Kaiser werden. Geschickt und energisch lenkte sie die Beratungen – nur in einem Punkt konnte sie sich nicht durchsetzen. Sophie wollte unbedingt, dass sich Franz in Erinnerung an den von ihr verehrten und geschätzten Kaiser Franz I. »Franz II.« nennen sollte. Die Politiker sprachen sich jedoch entschieden dagegen aus, da sich mit dem jungen Kaiser auch eine neue Ära ankündigen sollte und »Franz II.« zu sehr an die unmittelbare Vergangenheit anknüpfte. So entschloss man sich zum Doppelnamen Franz Joseph, wobei »Joseph« ganz bewusst an den großen Reformkaiser Joseph II. erinnern sollte. Franz Joseph sollte also gleichermaßen für Tradition und Fortschritt stehen.

Sophies Hoffnungen erfüllten sich schließlich am 2. Dezember 1848, als Kaiser Ferdinand abdankte, ihr Mann Franz Karl auf den Thron verzichtete und Franz Joseph im Alter von achtzehn Jahren Kaiser von Österreich wurde. Obwohl er von Kindheit an auf seine Aufgabe vorbereitet worden war, kam die Thronbesteigung dennoch unerwartet früh. So verließ er sich von Beginn an in allen Belangen blind auf das Urteil und die Beratung seiner Mutter – eine Konstellation, die zwar für ein stabiles Machtgefüge bei Hof sowie in der Regierung sorgte, privat jedoch auch bald zu Problemen führen sollte.

[5] Kaiser Franz Joseph, Porträt des jungen Kaisers in Uniform mit Ordensschmuck, Gemälde, um 1849

6 Als Franz Joseph den Thron bestieg, wurde er Monarch des nach Russland mit 56 Millionen Einwohnern zweitgrößten Staates Europas, in dem zahlreiche Völker, Sprachen und Religionen vereint waren. Dazu zählten neben Österreich das Königreich Böhmen mit Schlesien, Mähren, Galizien, Lodomerien und der Bukowina im Nordosten, das Königreich Ungarn mit Kroatien, Slavonien, Dalmatien, Siebenbürgen, der Wojwodina und dem Banat im Südosten sowie das Königreich Lombardo-Venezien. Die Amtssprachen war Deutsch sowie die landesüblichen Sprachen Tschechisch, Slowakisch, Polnisch, Rumänisch, Ukrainisch, Ungarisch, Kroatisch, Slowenisch, Serbisch und Italienisch. Auch alle europäischen Religionen waren vertreten, wobei mit knapp 80 Prozent die große Mehrheit katholisch war. Die Nationalitätenfrage sollte auch eine der größten Herausforderungen der Regierung des neuen Kaisers werden.

[6] Büste des jungen Kaisers Franz Joseph in Feldmarschallsuniform mit Ordensschmuck, Franz Högler, Schönbrunn 1853

7 Franz Josephs Thronbesteigung bedeutete nach der Niederschlagung der Bürgerlichen Revolution einen Sieg der monarchisch-konservativen Kräfte und den Beginn einer neoabsolutistischen, reaktionären Politik. Die Lithographie zeigt den jungen Kaiser im Kreise seiner wichtigsten Feldherren, u. a. Feldmarschall Joseph Wenzel Graf Radetzky, Feldmarschall Alfred Fürst Windisch-Graetz und Joseph Graf Jelačić. Tituliert wurde die Darstellung mit dem Wahlspruch des Kaisers »Viribus unitis – mit vereinten Kräften«.

[7] Der Kaiser mit seinen Generälen, Lithographie von Joseph Heike ...
nach Joseph Kriehuber, bezeichnet »Mit Vereinten Kräften.
Wahlspruch Seiner Majestät Kaiser Franz Josef I.«, um 1849

Die Darstellung spiegelt die wahren Machverhältnisse der Monarchie wider: Der junge Kaiser war ein rein optisches Symbol der »Erneuerung«, die es in der Realität nicht gab. Die entscheidenden Kräfte agierten im Hintergrund und waren altgediente reaktionäre Militärs, denen es in erster Linie um die Wiederherstellung der »alten Ordnung« ging. Die Revolutionen wurden mit großer Härte niedergeschlagen, Anführer verhaftet und hingerichtet.

Die Darstellung zeigt noch einen weiteren charakteristischen Aspekt der Regierung Franz Josephs: Obwohl Franz Joseph seit Kindheitstagen großes Interesse am Militär gezeigt hatte, sein Leben lang Uniform trug und sich gern als Soldat inszenierte, sollte er als Feldherr eine eher unglückliche Rolle spielen. Vor allem die Schlacht bei Solferino 1859 im Rahmen des Feldzugs gegen die Loslösungs- bzw. Einigungsbestrebungen der italienischen Provinzen, bei der Franz Joseph das Oberkommando übernommen hatte, endete desaströs. Sie ging nicht nur als eine der blutigsten und verlustreichsten Schlachten in die österreichische Geschichte ein, sondern bedeutete schlussendlich den Verlust der Lombardei sowie schließlich auch Venetiens – zwei reiche Provinzen der Monarchie.

8 Wie unerfahren Franz Joseph war, zeigt nicht nur seine Entscheidung, nach der Schlacht bei Magenta (am 4. Juni 1859) das Oberkommando zu übernehmen, sondern auch seine gottergebene Reaktion auf die entscheidende Niederlage: »Es ist so erbittert gekämpft worden, daß ganze Haufen von Todten gelegen sind ... verbrachte ich einen fürchterlichen Abend, denn da war eine Confusion von Blessierten, Flüchtlingen, Wägen und Pferden, in welches Alles nur mit größter Mühe einige Ordnung gebracht werden konnte ... das ist die traurige Geschichte eines entsetzlichen Tages, an dem viel geleistet worden ist, aber das Glück uns nicht gelächelt hat. Ich bin um viele Erfahrungen reicher geworden und habe das Gefühl eines geschlagenen Generals kennen gelernt. Die schweren Folgen unsers Unglücks werden noch kommen, aber ich vertraue auf Gott und bin mir keiner Schuld, auch keines Dispositionsfehlers bewußt.«[5]

[8] Porträt des jungen Kaisers in Uniform und Ordensschmuck, im Hintergrund Feldlager, Gemälde, 1849

[9] Kaiser Franz Joseph mit seinem Generaladjutanten Karl Ludwig Graf Grünne, im Hintergrund die österreichischen Truppen, Gemälde von Rudolf Swoboda, 1854

9 Zu einem seiner wichtigsten Vertrauten in diesen frühen Jahren wurde Karl Ludwig Graf Grünne. Seit 1828 im Militärdienst, stieg er bis 1850 zum Feldmarschallleutnant auf und wurde von Franz Joseph unmittelbar nach seiner Thronbesteigung 1848 zu seinem Generaladjutanten ernannt. Als enger Verbündeter Erzherzogin Sophies versuchte er auch, in ihrem Sinne den jungen Kaiser zu lenken und die reaktionären Kräfte im Umfeld des Kaisers zu stärken. Kardinal Rauscher und Graf Grünne galten daher als »Säulen des herrschenden Systems« und vor allem Grünne war durch seine Nähe zum Kaiser gefürchtet. Hinter vorgehaltener Hand wurde allerdings kritisiert, dass er ein hohes militärisches Amt innehatte, obwohl er an keiner einzigen Schlacht persönlich teilgenommen hatte. Da er sich in den zehn Jahren als Generaladjutant viele Feinde gemacht hatte, gab man ihm schließlich auch die Schuld am kläglichen Versagen der österreichischen Armee. 1859 musste er aus seinem Amt ausscheiden. Als »Oberststallmeister« des Kaisers blieb er allerdings am Wiener Hof und in der Nähe des Kaisers, bis er 1884 in Baden bei Wien starb.

10 Anfang der 1850er-Jahre sank die Popularität des jungen Kaisers auf den Tiefpunkt. Franz Joseph war zum dynastischen Absolutismus zurückgekehrt und hob 1851 sogar die von ihm selbst erlassene Verfassung des Jahres 1849 sowie die Grundrechte der Staatsbürger wieder auf. Der Reichstag in Kremsier wurde aufgelöst und führende Demokraten wurden verhaftet. Die negative Stimmung kulminierte in einem Attentat, das kurze Zeit später auf ihn verübt wurde: Der ungarische Schneidergeselle János Libényi stürzte sich während eines Spaziergangs des Kaisers auf der Kärntner Bastei auf ihn, verletzte ihn allerdings nur leicht mit einem Messer am Hinter-

[10] Das Attentat auf Kaiser Franz Joseph, Zwei-Platten-Druck mit der Darstellung des Attentates im unteren sowie der schützenden Hand Gottes neben Christus im oberen Bereich. Bezeichnet »Unser Kaiser Franz Josef I. wurde am 18. Februar 1853 durch Meuchlers Hand am Hinterhaupte verwundet. Durch die Göttliche Vorsehung wurde es dem Obersten Grafen O'Donell Flügeladjutant S. M. und Josef Ettenreich Bürger von Wien ermöglicht, das Geheiligte Haupt des Kaisers vom gewissen Tode zu erretten«, um 1853

UNSER KAISER FRANZ JOSEF I.
WURDE AM 18. FEBRUAR 1853, DURCH MEUCHLERS HAND AM HINTERHAUPTE VERWUNDET. DURCH DIE GÖTTLICHE VORSEHUNG WURDE ES DEM OBERSTEN GRAFEN O. DONELL FLÜGELADJUTANT S. M. UND JOSEF ETTENREICH BÜRGER VON WIEN ERMÖGLICHT, DAS GEHEILIGTE HAUPT DES KAISERS VOM GEWISSEN TODE ZU ERRETTEN.

kopf. Vor allem Erzherzogin Sophie war bestürzt und ging daran, sich noch aktiver in das Leben ihres Sohnes einzubringen. Professionelles Krisenmanagement war nun angesagt, um die zaghafte Wende in den Sympathiewerten des Kaisers zu nutzen. Sophie setzte auf positive »Schlagzeilen«: Franz Joseph sollte sich verheiraten und eine Familie gründen.

Kaiserin Elisabeth

Fr Hanfstaengl
1853

[11] Kaiser Franz Joseph, Lithographie von Franz Eybl, 1849 (rechts)

Prinzessin Elisabeth in Bayern, Lithographie von Franz Hanfstaengl, 1853. Der Blumenkranz, den die Kaiserbraut in Händen hält, war ein Geburtstags- bzw. Weihnachtsgeschenk ihrer künftigen Schwiegermutter und Tante Erzherzogin Sophie. (links)

11 Franz Joseph verliebte sich auf den ersten Blick in seine fünfzehnjährige Cousine Sisi. Seine Mutter schrieb über diese erste Begegnung in Ischl anlässlich des 23. Geburtstags des Kaisers an ihren Sohn Ferdinand Max: »... in dem Augenblick, als der Kaiser Sisi erblickte, ein Ausdruck so großer Befriedigung in seinem Gesicht erschien, daß man nicht mehr zweifeln konnte, auf wen seine Wahl fallen würde. Er strahlte und Du weißt, wie sein Gesicht strahlt, wenn er sich freut. Die liebe Kleine ahnte nichts von dem tiefen Eindruck, den sie auf Franzi gemacht hatte.«[6] Franz Joseph hatte seine Wahl getroffen, wer seine Kaiserin werden sollte, und Sophie notierte in ihrem Tagebuch: »Der Kaiser schwärmte. ›Nein, wie süß Sisi ist. Sie ist wie eine aufspringende Mandel und welche herrliche Haarkrone umrahmt ihr Gesicht! Was hat sie für liebe Augen und Lippen wie Erdbeeren!‹«[7]

Bereits am 19. August fand die feierliche Verlobung statt. Sisi war von all der Aufmerksamkeit, die man ihr entgegenbrachte, eingeschüchtert – Franz Joseph hingegen überglücklich. Seine Mutter hatte Verständnis für die verschreckte Sisi und war im Übrigen gar nicht, wie so oft berichtet, gegen die Wahl ihres Sohnes. Im Gegen-

[12] Kaiserin Elisabeth in Hofgala mit Diamansternen, Franz Xaver Winterhalter Werkstatt, um 1865

teil, anlässlich des ersten öffentlichen Auftritts beim Geburtstagsball Franz Josephs beschrieb sie Sisi als »so anmutsvoll, so bescheiden, so untadelig, so graziös ...«[8], vor allem aber freute sie sich, ihren Sohn so glücklich zu sehen. Knapp ein Jahr später, am 24. April 1854, folgte die Hochzeit des Kaiserpaares.

12 Elisabeth fühlte sich vom ersten Tag an unwohl in ihrer Rolle als Kaiserin von Österreich. Das Hofzeremoniell und die strenge Etikette bei Hof waren ihr verhasst, sie fühlte sich eingesperrt und bevormundet. Sisis Reaktion war Flucht – Flucht in intensive Reisetätigkeit, in Poesiewelten und Schönheitskult. Als sie von ihrer ersten Reise, die sie nach Madeira und übers Mittelmeer nach Korfu geführt hatte, nach beinahe zweijähriger Abwesenheit 1862 an den Wiener Hof zurückkehrte, hatte sich aus dem schüchternen Mädchen eine stolze und selbstbewusste Frau entwickelt, die die Macht ihrer Schönheit erkannt hatte und zukünftig gezielt für ihre Unabhängigkeit einsetzte. In dieser Zeit entstand das berühmte Bild der Kaiserin mit den Diamantsternen im Haar, das als eines ihrer schönsten Porträts gilt.

13 Um ihre viel bewunderte Schönheit zu erhalten, probierte Elisabeth unzählige Schönheitsrezepte aus. Zu ihren Lieblingscremen zählte in der kälteren Jahreszeit die »Crème Céléste«, die aus weißem Wachs, Walrat, süßem Mandelöl und Glycerin bestand und eine besonders nahrhafte Pflegesalbe war. Im Sommer schätzte sie die »Cold Creme« aus weißem Wachs,

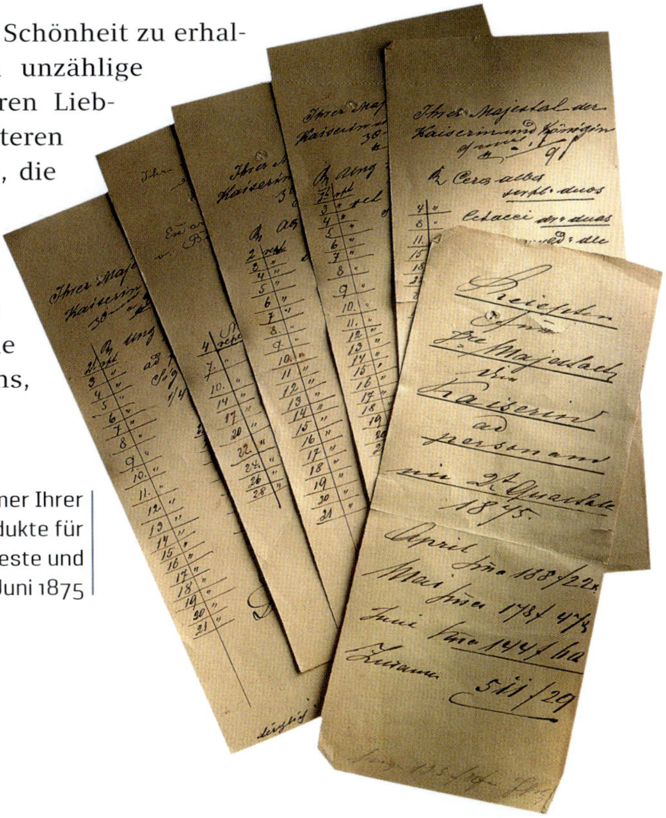

[13] Originale Bestellscheine der Kammer Ihrer Majestät für Schönheitspflegeprodukte für Kaiserin Elisabeth, u. a. für Creme Celeste und Wilson Salbe, April bis Juni 1875

[14] Cremefarbener Spitzenfächer der Kaiserin Elisabeth

Walrat, Mandel- oder Sesamöl sowie Rosenwasser, die ihren Namen dem erfrischenden, angenehm kühlenden Effekt verdankte, den sie aufgrund des wässrigen Anteils auf der Haut hatte. Um sich vor der Sonne zu schützen, ging Elisabeth niemals ohne Sonnenschirm und Fächer außer Haus. Da dies bei ihren Ausritten, Seereisen oder Bergtouren aber oft unmöglich war und sie damit der Sonne ungeschützt ausgesetzt war, traf sie strikte Vorkehrungen, um ja keine gebräunte Haut oder die gefürchteten und als entstellend geltenden Sommersprossen zu bekommen. Nur weißer »Porzellanteint« galt als schön – sonnengebräunte Haut war ein Schönheitsmakel, den man unbedingt vermeiden musste. Die Bestellscheine der Hofapotheke zeigen, dass Elisabeth daher im Sommer vor allem »Wilson Salbe« bestellte, eine mit Zink und Talk versetzte Cold Creme, die als erster Sonnenschutz auf mineralischer Basis für die Kaiserin entwickelt wurde. Gleichzeitig hatte die weißliche Creme den Vorteil, die Haut zusätzlich blasser erscheinen zu lassen.

14 Da die Kaiserin, die als eine der schönsten Frauen ihrer Zeit galt, panische Angst vor dem Altern hatte, ließ sie sich bereits ab Anfang dreißig nicht mehr fotografieren und verbarg ihr Gesicht hinter Fächern, die sie stets bei sich trug. Die Fächer sollten aber nicht nur ihre – ihrer Meinung nach – entschwindende Schönheit verbergen, sondern dienten der menschenscheuen Kaiserin auch als Schutz vor neugierigen Blicken. Sie wurden zunehmend auch zu einer symbolischen Barriere zwischen ihr und der Umwelt. In einem ihrer Gedichte schrieb sie: »Wenn mich jemals die Zeit berührt, werde ich mich verschleiern, und die Leute werden von mir sprechen als von der Frau, die einst war.«

Diesen cremefarbenen Fächer hatte Elisabeth zum 47. Geburtstag von ihrer Lieblingstochter Erzherzogin Marie Valerie erhalten, die eigenhändig bei der Herstellung des Spitzenblattes mitgearbeitet hatte.

15 Auch wenn Elisabeth mit Unterstützung ihres Gemahls schließlich ein unabhängiges Leben fernab des Wiener Hofes leben konnte, verbrachten die beiden wesentlich mehr Zeit miteinander, als oft dargestellt. Wie vertraut und trotz aller Unterschiede innig das Verhältnis des Kaiserpaares war, zeigt folgende Tagebucheintragung

Das Kaiserpaar bei seinem ersten Aufenthalt in Menton
an der französischen Riviera im Garten des Hôtel du Cap Martin 1894,
Heliogravüre von Wilhelm Gause, um 1908

[15] Doppelporträt des Kaiserpaares,
Gemälde von Franz Russ, um 1875

der Marie Festetics, die als Hofdame und Vertraute der Kaiserin wohl den unmittelbarsten Einblick hatte. So schrieb sie im Juli 1877: »Eigentlich ist der Kaiser rührend mit seiner Liebe für ›seine Sisi‹, so nennt ›Er‹ ›Sie‹. Und wie oft hörte ich schon: ›Du bist der gute Engel meines Lebens.‹ Er liebt Sie mit ganzer Seele, und wie, wie oft – sie ahnen es kaum – habe ich mich unterhalten und gelabt on their ways together. Sie weiß Ihn bei Athem zu erhalten mit Tausenderlei, und Ihre Eigentümlichkeit, Eigenart ist Ihm vielleicht nicht immer bequem, aber gelangweilt hat Sie Ihn sicher nie. Sie weiß, wie Sie Ihr Ziel erreicht, ohne Pose, aber es liegt in Ihrer Art und Er ist so unter Ihrem Charme, wie ein Liebhaber, und glücklich, wenn Er Sie an etwas erinnernd antupfen kann!«[9]

16 Im September 1898 fand das Leben der rastlosen Kaiserin ein tragisches und dramatisches Ende. Elisabeth hielt sich für einige Wochen in der Schweiz zur Kur auf, als sie am 10. September in Genf auf dem Weg vom Hotel zur Schiffsanlegestelle von dem italienischen Anarchisten Luigi Lucheni mit einer spitz zugeschliffenen Dreikantfeile erstochen wurde. Niemand – selbst Elisabeth nicht – hatte zunächst die tödliche Verletzung bemerkt. Lucheni hatte die Kaiserin mitten ins Herz getroffen, und sie verblutete, für niemanden erkennbar, langsam nach innen. Elisabeth ging noch an Bord, doch kurz nachdem sie das Schiff betreten hatte, wurde sie ohnmächtig. Als ihre Begleiterin Irma Sztáray das Kleid öffnete, entdeckte sie die winzige Stichwunde in der Brust, die nicht blutete. Erst jetzt erkannte sie, dass Elisabeth tödlich verwundet worden war. Das Schiff kehrte sofort um und die sterbende Kaiserin wurde in ihr Hotelzimmer zurückgebracht, wo die Ärzte um 14.40 Uhr nur noch ihren Tod feststellen konnten.

Als Franz Joseph die Nachricht erhielt, sagte er zu seinem Generaladjutanten Graf Paar: »Sie wissen nicht, wie ich diese Frau geliebt habe.«

Obwohl die Kaiserin seit dem tragischen Selbstmord ihres Sohnes Kronprinz Rudolf 1889 ein äußerst zwiespältiges Verhältnis zu Gott hatte und lange Zeit verbittert an ihrem Glauben zweifelte, trug sie dennoch auf all ihren Reisen den Rosenkranz, den sie von ihrer ältesten Tochter Gisela geschenkt bekommen hatte, bei sich.

Die getrocknete Rose stammt vom Totenbett der Kaiserin Elisa-

Posthumes Porträt der Kaiserin,
kolorierte Lithographie von Th. Russ, um 1900

beth im Hotel Beau Rivage, in dem sie nach dem tödlichen Attentat aufgebahrt wurde. Die Ermordung der Kaiserin war das tragische Ende eines unglücklichen Lebens und trug wesentlich zur Entstehung des »Mythos Sisi« bei.

[16] Erinnerungsrahmen mit getrockneter Rose vom Sterbelager der Kaiserin im Hotel Beau Rivage in Genf sowie persönlicher Rosenkranz der Kaiserin, Gold, blaue Schmucksteine, Marienanhänger und Kreuzanhänger in Gold

Familienleben

[17] »Die Kaiserliche Familie«,
Xylographie, um 1870

17 Franz Joseph legte zwar auch innerhalb der Familie großen Wert auf korrektes Verhalten, der Umgangston war jedoch vertraulich, wenn auch nicht locker. Sämtliche Familienangehörige sagten zum Kaiser »du«, fügten aber »Majestät« hinzu – etwa »Majestät, ich wollte dich fragen ...«. Franz Joseph seinerseits sprach alle beim Vornamen an. Elisabeth nannte ihren Gemahl laut ihrer Hofdame etwas despektierlich stets nur »Du!«, ohne ihn beim Namen zu nennen, und seine Töchter nannten ihn im Kreis der Familie »Papa«, vor Fremden sprachen sie ihn wie alle anderen mit »Eure Majestät« an.

18 Da der Kaiser mehrere Wochen im Jahr in den Kronländern, bei Manövern oder auf Staatsbesuchen war, liebte er kleine Fotoalben, um seine Lieben immer um sich zu haben. Dieses Miniaturfotoalbum zeigt neben dem Kaiser seinen kleinen Sohn Kronprinz Rudolf, seine Mutter Sophie, seinen jüngsten Bruder Ludwig Viktor, seine Frau Kaiserin Elisabeth sowie seine Tochter Erzherzogin Gisela. Das Album stammt aus dem Jahr 1861 und war mit seiner Gesamtlänge von 11 cm bei einer Höhe von 2 cm leicht zu verstauen und transportieren.

[18] Reiseminiaturfotoalbum Kaiser Franz Josephs mit Fotografien seiner Mutter, seines Bruders, seiner Frau und seinen beiden Kindern, 1861

[19] Kaiser Franz Joseph in der Kleinen Galerie des Schlosses Schönbrunn mit sämtlichen männlichen Mitgliedern des Hauses Habsburg, Lithographie von Vinzenz Katzler, 1863

19 Franz Joseph hatte ein widersprüchliches Verhältnis zu seiner Familie. Einerseits war er unglaublich aufmerksam, vergaß nie einen Geburts- oder Namenstag, unterstützte alle Familienmitglieder – zusätzlich zu der ihnen zustehenden Apanage – großzügig, erkundigte sich immer nach den zahlreichen Kindern, schickte bei Krankheiten sofort seine Ärzte und nahm regen Anteil an der Genesung. Dafür war er unerbittlich, was die Einhaltung der Familiengesetze betraf. So wurden Mitglieder, die etwa nicht standesgemäß leben oder heiraten wollten, aus der Familie ausgeschlossen. Wirklich gern hatte er keinen seiner zahlreichen Verwandten. Besonders unsympathisch war ihm ausgerechnet sein Neffe, Thronfolger Franz Ferdinand. Die einzige Ausnahme war ein Verwandter, der kein Habsburger war – nämlich sein Schwiegersohn Leopold von Bayern, den er außerordentlich schätzte.

[20] Erzherzogin Sophie, historische Fotografie aus dem Kaiserlichen Fotoalbum

20 Erzherzogin Sophie hatte klare Prioritäten. Sie erwartete von der Familie Professionalität und das Bekenntnis, Staatsgeschäfte stets vor Persönliches zu stellen. Während Franz Joseph, der in diesem Geist erzogen wurde, das Prinzip zeit seines Lebens uneingeschränkt lebte, hatte der Rest seiner Familie, vor allem durch den Einfluss Kaiserin Elisabeths, große Probleme damit. Sisi hatte ihren persönlichen Vorlieben und Interessen stets den Vorrang gegeben und ihre Kinder dahingehend stark geprägt. So gab ihre jüngste Tochter Marie Valerie ihrer Großmutter die Schuld an der Unnahbarkeit des Vaters und meinte: »... dass es System meiner Grossmama gewesen, Papa und seine Brüder zu isolieren, von jeder Intimität mit der übrigen Familie fernzuhalten, sie wie auf einer Insel haltend, meinte sie, ihnen mehr Auto-

[21] Kaiserin Elisabeth mit dem neugeborenen Kronprinzen Rudolf und der jungen Erzherzogin Gisela in Laxenburg, kolorierte Lithographie von Joseph Kriehuber, 1858

rität vor den anderen zu verschaffen, sie vor Einflüssen zu schützen. – Nun also sehe ich die Ursache, warum Papa so ganz alleine steht, keine Freude hat am Umgang mit Verwandten, daher angewiesen ist auf den Rat fremder oft unzuverlässiger Menschen.«[10] Doch so hart, wie Marie Valerie ihre Großmutter darstellte, war sie definitiv nicht. Im Gegenteil – vor allem Gisela und Rudolf war sie eine liebevolle und aufmerksame Großmutter bzw. Muttterersatz gewesen und die beiden hatten ein sehr inniges Verhältnis zu ihr. Auch Franz Joseph stellte die Rolle seiner Mutter als maßgebliche Beraterin nie infrage und konnte sich ihr Leben lang hundertprozentig auf sie verlassen. Als sie 1872 starb, verlor er seine wichtigste Ratgeberin und Vertraute.

21 Die Darstellung der Kaiserin mit dem neugeborenen Kronprinzen Rudolf entstand nach der ersten großen Katastrophe in der kaiserlichen Familie, die auch das Familienleben prägte. Das Kaiserpaar hatte seine beiden Töchter, die erstgeborene Sophie sowie die 1856 geborene Gisela, auf eine Reise nach Ungarn mitgenommen. Die beiden Mädchen erkrankten an Durchfall und hohem Fieber, doch während sich die kleine Gisela bald erholte, verstarb Sophie 1857 mit nur zwei Jahren. Franz Joseph und Elisabeth waren verzweifelt, und Elisabeth begann zu kränkeln. Nach der Geburt des heiß ersehnten Kronprinzen 1858 begab sie sich schließlich auf eine ausgedehnte »Erholungsreise«, die sie für zwei Jahre vom Wiener Hof fernhielt. In dieser Zeit sprang ihre Schwiegermutter als Muttersatz ein und übernahm die Erziehung der Kinder, zu denen Elisabeth von nun an ein recht distanziertes Verhältnis hatte.

22 Als Erzherzogin Gisela 1856 geboren wurde, stand Franz Joseph politisch unter Druck und konnte daher wenig Zeit mit seiner Tochter verbringen. Er bemühte sich zwar, ein guter Vater zu sein, Staatsgeschäfte hatten jedoch Vorrang. Gisela war kein hübsches, aber ein unkompliziertes und lustiges Kind. Zu ihrem Bruder Rudolf, mit dem sie gemeinsam aufwuchs, hatte sie ein enges Verhältnis, ebenso zu ihrer Großmutter Sophie, die, da Elisabeth meist auf Reisen war, die Mutterstelle vertrat. Beeinflusst von ihrer Großmutter, hatte sie vor ihrem Vater höchsten Respekt, sah in ihm aber mehr den Kaiser als den Vater. Mit sechzehn Jahren wurde sie auf Betreiben ihrer Mutter mit dem Prinzen Leopold von Bayern verheiratet und zog nach München. Vor allem Rudolf, dessen wichtigste Bezugsperson sie war, war verzweifelt und weinte seiner großen Schwester bittere Tränen nach. Leopold wurde der erklärte Lieblingsschwiegersohn des Kaisers, mit dem er sich blendend verstand und der auch seine große Liebe zur Jagd teilte, weshalb die beiden sehr viel Zeit miteinander verbrachten.

[22] Kaiser Franz Joseph mit seinen Kindern Gisela und Rudolf, Fotografie um 1860 sowie Deckeldose aus einer Toilettegarnitur Erzherzogin Giselas

Porträt des Kronprinzen als Oberstinhaber
des Ulanen Regiments Nr. 1 zu Pferd,
Gemälde von Thaddäus Ajdukiewicz, 1889

[23] Persönliches Pic-Nic-Set des Kronprinzen Rudolf für zwei Personen, bestehend aus jeweils einem Teller, Becher, Klapplöffel, Klappgabel, Klappmesser, Löffel, Flaschenöffner und Gewürzbehälter. Metall versilbert, eine Garnitur (Becher und Besteckteile) mit graviertem Monogramm »R« mit Erzherzogskrone. In originaler Ledertasche mit Firmenzeichen »Christofle Paris«, Paris um 1870

23 Der einzige Sohn des Kaiserpaares, Kronprinz Rudolf, hätte als Erbe der mächtigsten Krone Europas eigentlich eine bedeutende Rolle in der Monarchie einnehmen sollen. Franz Joseph hatte jedoch für seinen liberal gesinnten und wissenschaftlich interessierten Sohn wenig Verständnis und schloss ihn von jeglicher Regierungsbeteiligung oder Verantwortung aus. Diese isolierte Stellung führte zu einem verzweifelten Kampf um Anerkennung durch den kaiserlichen Vater, die Rudolf jedoch verwehrt blieb, und trieb den Thronfolger zu einem mitunter ausschweifenden Leben voller Heimlichkeiten. Seine Ehe mit der belgischen Prinzessin Stephanie war aufgrund der äußerst unterschiedlichen Persönlichkeiten der beiden unglücklich. Sie wurde auch dadurch belastet, dass Rudolf seine Frau mit Gonorrhö ansteckte, die daraufhin keine Kinder mehr bekommen konnte. Zahlreiche Liebschaften Rudolfs trugen zusätzlich zur Entfremdung des Ehepaares bei.

Neben seiner anonymen journalistischen Tätigkeit, bei der er die Politik des Wiener Hofes mitunter scharf kritisierte, versuchte Rudolf auch, sich auf dem Gebiet der Ornithologie zu profilieren, was ihm allerdings zusätzliche Skepsis seitens des Hofes einbrachte. Er unternahm nicht nur zahlreiche naturwissenschaftliche Exkursionen, sondern liebte als berüchtigter Lebemann auch Ausflüge in geselliger Runde – für beide Gelegenheiten nutzte er das Pic-Nic-Set.

Sein tragischer Selbstmord in seinem Jagdschloss Mayerling im Jänner 1889 wurde zum größten Skandal des Kaiserreiches. Dass der dreißigjährige Kronprinz noch dazu seine letzte Geliebte, die junge Baronesse Mary Vetsera, in den Tod mitnahm, wurde bis zum Ende der Monarchie geheim gehalten. In einem seiner letzten Briefe an seinen Vertrauten Oberst Latour schrieb er: »Ich sehe die schiefe Ebene, auf der wir abwärts gleiten, stehe den Dingen sehr nahe, kann aber in keiner Weise etwas thun, darf nicht einmal laut reden, das sagen, was ich fühle und glaube ...«[11]

Kronprinz Rudolf,
historische Fotografie, 1888

24 Marie Valerie war das erklärte Lieblingskind der Kaiserin und wurde bei Hof etwas spöttisch »die Einzige« genannt. Doch obwohl – oder gerade weil – Elisabeth ihre jüngste Tochter so vereinnahmte und bei ihr alles »nachholen« wollte, was sie bei ihren älteren Kindern Gisela und Rudolf versäumt hatte, denen sie durch ihre beinahe zweijährige Abwesenheit vom Hof ein Leben lang entfremdet blieb, suchte Marie Valerie eher den Kontakt zum Vater. Euphorisch schilderte die Sechzehnjährige in ihrem Tagebuch, wie sie erstmals mit dem Vater in seinem Arbeitszimmer frühstücken und ihm am nächsten Tag sogar beim Arbeiten zusehen durfte. Franz Joseph meinte zwar, dass es ihr doch langweilig sein müsse, für Valerie bedeutete es aber das größte Glück, über eine Stunde mäuschenstill neben dem verehrten Vater sitzen zu dürfen. Franz Joseph hatte keine Ahnung, welch große Freude er seiner Tochter damit machte. Marie Valerie hatte immer Angst, dass ihre Mutter eifersüchtig sein könnte, und suchte daher nur dann zu ihrem Vater Kontakt, wenn Elisabeth auf Reisen war. War sie mit beiden Elternteilen zusammen, traute sie sich, aus Angst vor ihrer eifersüchtigen Mutter, nie, Franz Joseph ihre Zuneigung zu zeigen. So wie ihre Geschwister hatte sie gelernt, ihre Gefühle dem Vater gegenüber zu verbergen, doch die schwärmerisch veranlagte Marie Valerie litt darunter, ihrem Vater nie wirklich zeigen zu können, wie sehr sie ihn liebte und bewunderte: »O! Könnte ich ihm nur alles sagen, was ich für ihn fühle! Könnte er es nur ahnen!«[12], schrieb sie in ihrem Tagebuch.

[24] Erzherzogin Marie Valerie, historische Fotografie

Unterstützt von ihrer Mutter durfte sie ihren entfernt verwandten Cousin Erzherzog Franz Salvator heiraten, bekam zehn Kinder und lebte mit ihrer Familie auf Schloss Wallsee in Niederösterreich.

[25] Kaiser Franz Joseph mit seinen Enkeln Elisabeth Franziska, Franz Carl Salvator und Franz Salvator im Vestibül der Kaiservilla, Zeichnung von Lajos Hálmi, um 1908

25 Im Unterschied zu seinen eigenen Kindern hatten seine Enkel keine Scheu oder übergroßen Respekt vor ihrem kaiserlichen Großvater. Sie waren in seiner Gesellschaft ausgelassen, kommandierten ihn herum, und Valerie merkte, dass genau das ihm großen Spaß bereitete. In ihrem Tagebuch notierte sie: »Es macht mich so traurig und doch vermag ich es nicht zu ändern, dass das Beisammensein mit Papa mir ein Zwang ist wie mit dem fremdesten Menschen. Die Kinder scheinen dies viel weniger zu empfinden und sind mit ihm vertrauter, als ich es jemals war.«[13] Franz Joseph hatte es unter dem Einfluss seiner Mutter verabsäumt, ein inniges Verhältnis zu seinen Kindern aufzubauen. Bei seinen Enkelkindern bemühte er sich nun Versäumtes nachzuholen und war ein rührender Großvater.

[26] Erzherzog Ferdinand Max, Kaiser Max von Mexiko, Porträt des Erzherzogs in Marineuniform, dekoriert mit dem Orden vom Goldenen Vlies und der Schärpe des St. Stephansordens, Gemälde von Franz Xaver Winterhalter, um 1855

[26] Holzspan vom Sarg
Kaiser Maximilians von Mexiko

26 Der begabte, phantasievolle und allseits beliebte Erzherzog Ferdinand Max war von klein auf naturwissenschaftlich interessiert, liebte fremde Länder und Erkundungsreisen. Da eine wissenschaftliche Laufbahn für einen Erzherzog völlig ausgeschlossen war, wurde Franz Josephs jüngerer Bruder zum Kontreadmiral der k. k. Marine ausgebildet und war von 1857 bis 1859 Generalgouverneur des lombardo-venezianischen Königreiches. Als Zweitgeborener hatte er aber innerhalb der Habsburgermonarchie keine Möglichkeit, seinen Ehrgeiz zu befriedigen. So nahm er mit Unterstützung der Vereinigten Staaten von Amerika und nicht zuletzt bedrängt von seiner ehrgeizigen Gemahlin Charlotte von Belgien 1864 das Angebot Napoleons III. an, Kaiser von Mexiko zu werden. Das Paar reiste nach Mexiko und nahm die Krone trotz der schwierigen politischen Situation und der Warnungen der österreichischen Berater an. Kurz darauf zogen sowohl Frankreich als auch die USA ihre Unterstützung zurück und Maximilian war praktisch chancenlos, der Unruhen im Land Herr zu werden. Revolutionäre unter dem Befehl des mexikanischen Rechtsanwaltes indianischer Abstammung Benito Juárez belagerten ihn in der Festung Querétaro und nahmen ihn schließlich gefangen. Die ihm angebotene Flucht lehnte Maximilian ab. Er wurde vom Kriegsgericht zum Tode verurteilt und am 19. Juni 1867 als Symbol für den Sieg der mexikanischen Unabhängigkeitsbewegung über die Interessen des europäischen Imperialismus erschossen. Sein Leichnam wurde nach Triest gebracht und schließlich in Wien in der Kaisergruft bestattet.

Im Gegensatz zu seiner Mutter, die diesen Verlust nie verkraften konnte, zeigte der auf Selbstbeherrschung und Verbergen von Emotionen gedrillte Franz Joseph wenig Reaktion. Niemandem, nicht einmal seinem engsten Umfeld, zeigte er seine Trauer, was zu den absurden Gerüchten führte, es täte ihm nicht besonders leid um seinen Bruder, da dieser als potenzieller Thronfolger eine Gefahr für ihn dargestellt hätte.

27 »Luziwuzi«, wie der jüngste Bruder des Kaisers, Erzherzog Ludwig Viktor, genannt wurde, zählte zu den schwarzen Schafen in der Familie. Er galt als gefährlicher Intrigant und »Klatschmaul« und stolperte schließlich über eine peinliche Affaire, die ihm seine Verbannung nach Kleßheim bei Salzburg bescherte. So wurde in Wien öffentlich bekannt, dass der Erzherzog, der sowohl Damen als auch Herren liebte, sich in »ungebührlicher Weise« einem Bademeister des einschlägig bekannten Centralbades (heute Kaiserbründl) genähert habe, worauf ihm dieser eine schallende Ohrfeige versetzt hätte. Ludwig Viktor wurde infolge des Skandals vom Hof »verbannt« und residierte von da an in Schloss Kleßheim, wo er 1919 verstarb. Die Brüder blieben allerdings weiter in Verbindung und es entspricht eindeutig nicht den Tatsachen, dass der Kaiser nach diesem unangenehmen Vorfall den Kontakt zu seinem kleinen Bruder abgebrochen hätte.

[27] Erzherzog Ludwig Viktor, historische Fotografie

[28] Familienfoto Erzherzog Karl Ludwigs mit seiner dritten Gemahlin und seinen Kindern, von links: Tochter Maria Annunziata, Gemahlin Marie Therese von Portugal, Tochter Elisabeth Amalie, Erzherzog Franz Ferdinand, Erzherzog Karl Ludwig, Erzherzog Ferdinand (Burg). Sohn Erzherzog Otto fehlt auf diesem Familienfoto.

[28] Erzherzog Karl Ludwig, Fotografie in Trauerrahmen mit silberbedrucktem Sterbedatum und getrockneten Blumen vom Sterbelager

28 Der drittgeborene Bruder des Kaisers, Erzherzog Karl Ludwig, war schon als Kind ein Außenseiter, wenig beliebt und spielte weder in der Familie noch in der Öffentlichkeit eine wichtige Rolle. Dennoch sollte schließlich er nach dem tragischen Tod des Kronprinzen das Fortleben der Monarchie sichern. Sein Sohn Franz Ferdinand wurde Thronfolger und nach dessen Ermordung schließlich sein Enkel Karl der Thronerbe und letzte Kaiser der k.u.k. Monarchie. Karl Ludwig galt als roher Charakter und Trinker, der sogar gegen seine vielgeplagte Ehefrau handgreiflich wurde. 1896 verstarb er an einer Infektion, die er sich bei einer Reise nach Ägypten und Palästina zugezogen hatte, nachdem er Wasser aus dem Jordan getrunken hatte.

[29] Erzherzog Thronfolger Franz Ferdinand mit seiner Gemahlin Sophie Gräfin Chotek, Herzogin, später Fürstin Hohenberg, und ihren drei Kindern

[29] Persönliches Zigarrenetui Erzherzog Franz Ferdinands, Leder mit aufgelegtem silbernen gespiegelten Monogramm »FF« mit Erzherzogskrone, um 1910

29 Nach dem tragischen Selbstmord seines einzigen Sohnes Kronprinz Rudolf rückte zunächst Franz Josephs jüngerer Bruder Karl Ludwig an die Stelle des Thronfolgers, nach dessen frühem Tod schließlich Karl Ludwigs ältester Sohn und damit Franz Josephs Neffe Franz Ferdinand. Franz Joseph und Franz Ferdinand waren sich jedoch ausgesprochen unsympathisch, was eine Zusammenarbeit praktisch unmöglich machte. Dass sich Franz Ferdinand zudem in eine Frau verliebte, die bei Hof als nicht standesgemäß galt, vereinfachte die Situation keineswegs, im Gegenteil. Der ohnehin schon misstrauisch veranlagte Thronfolger, der sich auch aufgrund seiner Tuberkuloseerkrankung, die ihn über ein Jahr vom Hof ferngehalten

hatte, stets zurückgesetzt fühlte, nahm die Weigerung des Kaisers, die Ehe zu befürworten, persönlich. Auch wenn er sich schließlich durchsetzte und Sophie Gräfin Chotek heiraten durfte, verzieh er Franz Joseph diese Kränkung niemals. Franz Joseph wiederum ließ ihn seine Ablehnung der Ehe deutlich spüren, indem er Sophie streng nach den Regeln des Kaiserhauses demonstrativ nicht als Mitglied der Familie behandelte. So erschütterte die Ermordung des Thronfolgers 1914 in Sarajewo den Kaiser, nicht aber den Privatmann Franz Joseph.

30 Als Großneffe des Kaisers war Erzherzog Karl weitab des Wiener Hofes ohne entsprechende Erziehung aufgewachsen und trat daher, als sein Onkel Franz Ferdinand ermordet wurde, als beinahe Außenstehender ein schweres Erbe an. Sein Vater Erzherzog Otto, charmanter Lebemann und Casanova, galt als eher unbotmäßiger Verwandter: Er lebte mit seinen Geliebten, Marie Schleinzer und danach Louise Robinson, mit denen er jeweils auch zwei Kinder hatte, zusammen, bevor er 1906 schließlich an Syphilis verstarb. Seine Heirat mit der sächsischen Prinzessin Maria Josepha war ganz traditionell aus rein dynastischen Gründen geschlossen worden; die beiden blieben sich jedoch so fremd, dass sie mehr oder weniger getrennt lebten. Da die bigotte Erzherzogin auch dem Kaiser unsympathisch war, gab es nur den allernötigsten Kontakt. Er konnte daher auch keinerlei Bindung zu ihren Kindern entwickeln. Mit Erzherzog Karl wurde daher praktisch ein Fremder über Nacht zum neuen Thronfolger. Doch auch jetzt verabsäumte es der bereits alte und müde Kaiser, den neuen Thronfolger in die Geschäfte miteinzubeziehen und damit auf sein Erbe vorzubereiten. Karl war voller Eifer und guten Willens, ihm fehlte es jedoch an Selbstvertrauen, Energie und dem nötigen Auftreten, um in dieser schwierigen Situation entsprechend zu handeln. Auch seine ehrgeizige Frau, Zita von Bourbon-Parma, die ihren »leicht beeinflussbaren und anlehnungsbedürftigen« Mann, wie es Zeitgenossen formulierten, nach ihren

[30] Glasservice Kaiser Karls aus dem Bestand der Villa Wartholz/Reichenau a. d. Rax und Karaffen des Hoflieferanten J. & L. Lobmeyer mit geschliffenem Schriftband »Villa Wartholz« mit Erzherzogskrone

Kaiser Karl mit Kaiserin Zita und ihren Kindern Erzherzog Otto, Adelheid und Robert (links)

Erzherzog Karl Franz Joseph, Fotografie mit eigenhändiger Unterschrift (unten)

[30] Persönliches Notizbüchlein Kaiser Karls aus fliederfarbenem Leder mit Silbermontierung, aufgelegtem silbernen Monogramm »KFJ« (Karl Franz Joseph) mit Erzherzogskrone, mit eingelegtem Büchlein mit fliederfarbenem Seidenmoiree überzogen

[31] Erzherzog Otto (oben links), Erzherzog Ferdinand (Burg) (oben rechts), Erzherzog Johann (Orth) (unten links), Erzherzog Ernst (unten rechts)

persönlichen Vorstellungen lenkte, hatte weder die Erfahrung noch das nötige Format.

Kritische Zeitgenossen bemerkten den fatalen Fehler des Kaisers sehr wohl: »Der Kaiser hatte es nicht verstanden, sich in seinem Sohne Rudolf einen tüchtigen Nachfolger zu erziehen, er hatte nichts dazu getan, dem Erzherzog Franz Ferdinand die Lehrjahre zu erleichtern und um den letzten Thronfolger Erzherzog Karl kümmerte er sich gar nicht, trotzdem da noch sehr viel zu erziehen war.«[14]

31 Franz Joseph, dem korrektes und standesgemäßes Verhalten extrem wichtig war, konnte – so liebenswürdig er im Umgang war – unnachgiebig und hart gegen »schwarze Schafe« seiner Familie vorgehen. So musste sein Neffe Ferdinand Karl, ein Sohn seines Bruders Karl Ludwig, aus der Familie austreten, da er heimlich die Bürgerliche Berta Czuber geheiratet hatte. Unter dem selbst gewählten Namen »Burg« führte er – ohne Apanage des Kaisers – ein bürgerliches Leben auf dem ererbten Schloss Rottenstein bei Meran und starb vereinsamt und schwer alkoholkrank 1915. Erzherzog Ernst, der Sohn von Erzherzog Rainer, schied zwar nicht aus der Familie aus, musste jedoch die Kinder, die aus seiner nicht standesgemäßen Ehe mit Laura Skublic stammten, nach deren Tod verleugnen, da man Schwierigkeiten mit der Erbfolge befürchtete. Erzherzog Leopold Salvator versuchte ebenfalls, ein unabhängiges bürgerliches Leben unter dem Namen »Wölfling« zu führen – als Eintänzer und Gemischtwarenhändler –, tat sich jedoch wie die meisten Habsburger sehr schwer, im »echten« Leben zu reüssieren. Zu weltfremd und ohne Ausbildung, scheiterten die meisten und starben verarmt und desillusioniert.

Auch Erzherzog Johann fand ein tragisches Ende. Nach seinem Austritt aus dem Kaiserhaus wollte er als Johann Orth seinen Lebensunterhalt als Kapitän eines Frachtschiffes bestreiten und erwarb zu diesem Zwecke die „St. Margaret". Doch bereits auf seiner ersten Fahrt nach Südamerika ging der Frachter kurz nach der Ankunft in La Plata im Oktober 1890 auf dem Weg nach Chile im Atlantik unter.

König von Ungarn

[32] Kaiser Franz Joseph in ungarischer Adjustierung, Gemälde, um 1900

32 Am Beginn seiner Herrschaft hatte nur Ungarn die Anerkennung des neuen Königs verweigert und die Republik ausgerufen. Erst mithilfe der Truppen des russischen Zaren konnte der Aufstand niedergeschlagen werden. Franz Joseph beging einen schweren politischen Fehler: Von reaktionären Beratern umgeben, ließ er ungarische Aufständische – in erster Linie Mitglieder des ungarischen Hochadels – hinrichten. Damit machte er sich viele Feinde. Erst nach vielen Jahren konnte – auch durch und mithilfe der Unterstützung Elisabeths – eine Versöhnung erreicht werden: Am 8. Juni 1867 legte Franz Joseph den Eid auf die ungarische Verfassung ab und wurde gemeinsam mit Elisabeth in der Budapester Matthiaskirche feierlich zum König von Ungarn gekrönt. Die beiden Länder waren nun durch die Person des Kaisers bzw. Königs, durch gemeinsame Außen-, Finanz- und Heeres- bzw. Kriegspolitik verbunden; hinsichtlich Verwaltung, Justiz, Kultur und Unterricht konnte das ungarische Parlament autonom entscheiden. Der »Ausgleich« formte das Kaiserreich in die kaiserlich und königliche (k. u. k.) Doppelmonarchie um, die durch ein Handschreiben Franz Josephs die Bezeichnung »Österreichisch-Ungarische Monarchie« erhielt.

33 Der traditionelle Ritt des frisch gekrönten Königs auf den Krönungshügel war essenzieller Teil der ungarischen Krönungszeremonie und vor allem für die Bevölkerung der Höhepunkt. Aus allen Komitaten Ungarns waren Vertreter angereist und hatten Erde mitgebracht, die zu einem Hügel aufgeschüttet worden war. Aus der Kirche kommend, bestieg der König sein Pferd und ritt auf den Hügel, zog das Schwert und gelobte unter dem Jubel der Bevölkerung mit symbolischen Schwerthieben in alle vier Himmelsrichtungen, das Königreich Ungarn gegen alle Feinde, von wo sie auch kommen mögen, zu verteidigen.

Der damals achtjährige Kronprinz Rudolf verfolgte die pompöse Krönung und schilderte sie in einem Aufsatz: »In der Kirche waren viele Magnaten und Ofiziere, dann fing die Musik an und der Primas und viele katholische und griechische Bischöfe und sehr viele andere Priester. Dann kamen Papa und Mama. Mama setzte sich auf eine Art von Tron und Papa ging zum Altar, wo viel Lateinisch gelehsen wurde, dann wurde er gesalbt und dann wurde ihm der Mantel umgehengt und der Primas gab ihm das Schwert und machte drei Hiebe. Nachher

[33] »Die Eidleistung in Pest am 8. Juni 1867«,
Lithographie von Aloys von Nagy nach Vinzenz Hutzler, 1867

ertönten die Pauken und Andrássy [Gyula Graf Andrássy, der ungarische Ministerpräsident] und der Primas setzte dem Papa die Krone auf ... Papa sprengte sehr hübsch in Galopp auf den Krönungshügel machte vier Hiebe und sprengte in Galopp hinap und wir fuhren wieder nachhaus.«[15]

34 Dieser seltene Behälter der ungarischen Krönungserde ist als Symbol der Aussöhnung mit Ungarn ein besonderes Erinnerungsstück an Franz Joseph als König von Ungarn. Nach der Zeremonie wurde die geweihte Krönungserde in kleine Behälter gefüllt und als Erinnerung an Würdenträger des Reiches vergeben.

[34] Behälter der geweihten ungarischen Krönungserde, Messing vergoldet, graviertes Monogramm »FJI«, Inschrift »BIZALMAM AZ ÖSI ERENY BEN« (Mein Vertrauen in die Urtugend), Scharnierdeckel in Form der heiligen ungarischen Stephanskrone, Herstellermarke »Szdndrik«, Ungarn 1867

[35] Uniform Kaiser Franz Josephs bestehend aus Pelzattila und Galahose. Pelzverbrämte Attila aus feinem kornblumenblauen Tuch mit silberner Kettschnur-Schoitaschierung (Schnurbesatz) sowie silbernen gedrehten Knebeln und Knöpfen. Die Schoßtaschen ebenfalls verbrämt, silberne Pelzpeitschen am Kragen. An der Brust Ordensschlaufen. Kornblumenblaues Seidenfutter ohne Schneideretikett, vermutlich eine Fertigung des k. u. k. Hoflieferanten Gustav Gfrörer in Stuttgart. Geschlaufte Schulterstücke im Range eines Generalfeldmarschalls aus verschlungenem Gold- und schwarz durchzogenem Silbergeflecht mit aufgelegten, gekreuzten Marschallstäben und kornblumenblauer Unterfütterung. Leichte Altersspuren. Dazu steingraue Galahose mit silberner Schoitaschierung und Tressenbesatz, im seidenen Bundfutter das Etikett des k. u. k. Hoflieferanten Gustav Gfrörer aus Stuttgart. Uniform als Inhaber des Husarenregiments, Kaiser Franz Joseph von Österreich König von Ungarn (Schleswig-Holsteinisches) Nr. 16.

35 Hielt sich der Kaiser in Ungarn auf, trug er stets ungarische Uniform, u. a. auch die Galauniform eines Feldmarschalls in ungarischer Adjustierung. So ließ er sich auch von Adolf Dauthage, dem er dafür am 7. November 1865 sogar persönlich Modell stand, zeichnen und die daraus entstandene Lithographie veröffentlichen.

Kaiser Franz Joseph in Galauniform eines Feldmarschalls in ungarischer Adjustierung, kolorierte Lithografie von Adolf Dauthage nach eigener Zeichnung nach Modell am 7. 11. 1865

36 Als König von Ungarn verbrachte Franz Joseph regelmäßig Zeit in Budapest und führte hier das entsprechende Leben mit ungarischem Hofstaat und Zeremoniell. Dazu gehörte natürlich auch ein eigenes Tafelservice mit den Insignien der ungarischen Monarchie – der heiligen Stephanskrone. Gern gesehener Gast war Ministerpräsident Graf Tisza, der einerseits für Stabilität im Land sorgte, für seine Magyarisierungspolitik jedoch auch scharf kritisiert wurde. Von der »besonderen« Beziehung zwischen Österreich und Ungarn zeugt folgende Anekdote, die Kammerdiener Eugen Ketterl in seinen Memoiren schildert: »Graf Koloman Tisza trank einmal, nachdem er tüchtig Gurkensalat gegessen hatte, ein großes Glas kalten Wassers. ›Das kann für Sie böse Folgen haben!‹ meinte Franz Joseph. Aber der alte Tisza, der beim Monarchen gut angeschrieben stand und sich daher ein Bonmot erlauben durfte, erwiderte prompt: ›Majestät, mir wird das nicht schaden, ein ungarischer Ministerpräsident muß einen guten Magen haben!‹«[16]

Als privates Refugium in Ungarn diente Schloss Gödöllö nahe Budapest, das das Königspaar von der ungarischen Nation zur Krönung geschenkt bekommen hatte. Ähnlich wie Ischl bedeutete Gödöllö eine kleine Auszeit. Auch hier gab es kein strenges Zeremoniell und viel Zeit füreinander. Dass es im Familienkreis durchaus auch äußerst unterhaltsam und lustig zugehen konnte, zeigt folgender Tagebucheintrag der Hofdame Marie Festetics aus Gödöllö im Dezember 1880: »Alles unterhaltet sich famose, ein Durcheinander der I. Gattung. Alles tanzt und hüpft, der Kaiser spielt blinde Kuh und ›Mukopen‹,

[36] Champagnerkühler aus dem persönlichen Tafelservice Kaiser Franz Josephs als König von Ungarn, Silber, Wandung mit graviertem Monogramm »I. FJ« mit Stephanskrone, A. Bachruch, Budapest, um 1910

[36] Kaffeekanne, Tasse und Untertasse aus einem Service Kaiser Franz Josephs als König von Ungarn, Porzellan weiß glasiert, gold gemaltes Monogramm »I. FJ« mit Stephanskrone, Randzone mit gold gemaltem Lorbeerband, Manufakturmarke Herend, 1870

unterhält sich famose, die Kaiserin mit! Der Plumpsack [eine Art Fangen spielen] spielt eine große Rolle auch, und Teufel und Engel auch, ein geistreiches Spiel, wo man tüchtig gepufft wird. Seine Majestät macht tüchtig davon Gebrauch ... Blinde Kuh wird auch betrieben, und ›Fangen‹, mit auf den Rücken gebundenen Händen. Der Kaiser ist scandalisirt über dieses Spiel, lacht aber, daß Ihm die Thränen perlen.«[17]

[36] Glasschale aus einem Tafelservice
Kaiser Franz Josephs als König von Ungarn,
graviertes Monogramm »I. FJ« mit Stephanskrone, um 1870/1900

37 Taschenuhren waren beliebte Auszeichnungen für verdienstvolle Beamte oder treue Hofbediensteter und sollten neben einem Zeichen der Dankbarkeit gleichzeitig auch die Verbundenheit der Beschenkten mit ihrem Monarchen stärken. Diese niellierte silberne Taschenuhr mit goldenem ungarischen Wappen war aufgrund ihrer Verzierung mit jagdlichen Motiven wie einem Jagdhorn, einem Hasen und einem Hund vermutlich ein Geschenk Franz Josephs an einen seiner ungarischen Leibbüchsenspanner, k. k. Oberjäger oder Jagdaufseher.

[37] Geschenktaschenuhr Kaiser Franz Josephs als König von Ungarn; niellierte silberne Herrentaschenuhr mit goldenem ungarischen Wappen, Sprungdeckel mit königlich ungarischem Wappen in Gold, Rückseite mit jagdlicher Symbolik (Jagdhorn, Hase und Hund), Emailziffernblatt, Ankerwerk, um 1900

Kaiserlicher
Alltag

[38] Kaiser Franz Joseph an seinem Schreibtisch in seinem Arbeitszimmer der Wiener Hofburg, Zeichnung von Theo Zasche, um 1908

38 Essenzieller Bestandteil des kaiserlichen Alltags war das strenge Hofzeremoniell. Damit alles dem Protokoll entsprechend ablief, gab es auch ein eigenes Amt bei Hof, das Hofzeremonielldepartement, das für die Einhaltung der habsburgischen Traditionen sorgte. Die Zeremonialprotokolle, genaueste Aufzeichnungen darüber, welche Regeln für welchen Anlass galten, bildeten die Grundlage für das Zeremoniell, das allerdings auch immer wieder adjustiert wurde.

Das Wiener Hofzeremoniell galt als besonders konservativ und traditionsbewusst. Da es sich an den Regeln der Hauptlinie der Dynastie, die seit Karl V. in Spanien residiert hatte, orientierte, wurde es oft spanisches Hofzeremoniell genannt. Staatsakte, Audienzen und Empfänge, aber auch familiäre Anlässe wie Hochzeiten, Taufen und Begräbnisse folgten strengen Regeln. Der gesamte Ablauf, jeder Schritt und jede Geste sollten von angemessener Würde durchdrungen sein, um die Erhabenheit des Erzhauses zu verdeutlichen. Individualität und Spontaneität oder gar Emotionen waren nicht erwünscht.

39 Nachdem der Kaiser jeden Morgen um punkt halb vier Uhr früh von seinem Kammerdiener geweckt wurde, trat der »Badewaschler« seinen Dienst an. Dazu war schon am Abend zuvor der »Badeteppich« im Schlafzimmer ausgebreitet worden, und nun traten das »Tub«, eine Art Gumminbadewanne, und der »Badewaschler« in Aktion. Viele Jahre versah der »Bademeister und Leibmasseur« namens Koch diesen Dienst. Als er aufgrund einer langwierigen Krankheit für einige Zeit ausfiel, wurde ein Vertreter ernannt, der allerdings für Probleme sorgte. So erinnert sich Kammerdiener Eugen Ketterl: »Mit diesem Badediener hatten wir immer unsere liebe Not. Dieser Mann, der von der Vorsehung dazu ausersehen war, mit dem Kaiser von Österreich in intimsten persönlichen Verkehr zu treten, hielt sich auch dazu berechtigt, zwar nicht den Thron zu stützen, wohl aber sich selbst von dem Träger der Krone stützen zu lassen. Dies kam so: Um 3 Uhr früh aufstehen ist namentlich im Winter kein besonderes Vergnügen und nicht jedermanns Sache. ›Wenn einen nun diese nachtschlafende Stunde schon zur Pflicht ruft‹, so dachte dieser wackere Mann, ›gibt es nur ein Mittel, um über die Schwierigkeiten des Frühaufstehens hinwegzukommen: nämlich nicht schlafen zu gehen.‹ Gedacht, getan. Unser ›Badewaschel‹ wurde also ein stän-

Kammerdiener Rudolf Rottner
im Schlafzimmer des Kaisers,
Zeichnung von Theo Zasche, 1908

[39] Handtücher Kaiser Franz Josephs mit gewebtem floralen Dekor, jeweils in Rot gesticktes Monogramm »FJ« mit Kaiserkrone und Jahreszahl 1902

diger trinkfester Gast im benachbarten Vierstöcklkeller. Um nicht einzuschlafen, trank er und seine Methode bewirkte wohl, daß er zwar nicht einschlief, dafür aber mit dem seelischen und körperlichen Gleichgewicht in Konflikt geriet. So vergaß er denn auch in diesem Zustand die schuldige Ehrfurcht vor dem Monarchen und erschien einige Mal in aller Früh in nicht gerade audienzfähigem Zustand vor des Kaisers Gummiwanne. Der ungewohnte Anblick des immerhin originellen Untertanen belustigte anfangs den Monarchen, wenn sich der Mann in einer selbst sehr hilfsbedürftigen Verfassung an seine Dienstleistung heranmachte, und der Kaiser meinte nur ›daß man doch einige Zeitlang auf ihn aufpassen möge, da er wahrscheinlich nichts vertrage‹. Als jedoch ein drittes Mal die mangelnde Standfestigkeit des Badewaschels dazu führte, daß er sich so kräftig an die Arme seiner Majestät anklammerte, daß im nächsten Augenblick die ohnehin kleine Badegelegenheit beinahe zwei Insassen gehabt hätte, war es mit der Dienstleistung dieses Mannes zu Ende. Seine Majestät ließ aber in seiner Güte nicht zu, daß er davongejagt wurde, und verlangte nur, daß ihm eine andere Aufgabe zuteil werde, die ihm den Vorwand nehme, sich nächtlich bis 3 Uhr früh im ›Vierstöckl‹ wach halten zu müssen.«[18]

40 Nach dem morgendlichen Bad war Ketterl dem Kaiser beim Ankleiden behilflich. Zu dieser frühen Stunde trug der Kaiser stets einen leichten hechtgrauen Militärmantel, das sogenannte »Bonjourl«, nach dem französischen Wort »Bonjour« für »Guten Tag« bzw. »Guten Morgen«. Dabei ließ er sich von Ketterl »Mitteilungen machen« – sprich Ketterl informierte ihn inoffiziell über alle Neuigkeiten. Außerdem durfte der Kammerdiener zu dieser Zeit auch Privatbitten vortragen. Franz Joseph war an diese morgendlichen Gespräche so gewöhnt, dass er, ehe er das Schlafzimmer verließ, immer noch einmal zwischen Tür und Angel stehen blieb und fragte: »Haben Sie noch Wünsche?«

Nach einem kurzen Morgengebet empfing der Kaiser den Leibarzt zur täglichen Morgenvisite. Ab 1897 hatte Hofrat Dr. Joseph Kerzl dieses Amt inne; dass er ausschließlich im Frack vor dem Kaiser erscheinen durfte, ist übrigens eine Legende. Kerzl trug um diese frühe Stunde stets Jackett oder Gehrock, in Ischl sogar ganz ungezwungen eine Joppe.

Kaiser Franz Joseph im Bonjour-Rock am Fenster seines Arbeitszimmers in der Wiener Hofburg, Zeichnung von Theo Zasche, 1908

[40] Bonjour-Rock Kaiser Franz Josephs nach der Adjustierung für k. u. k. Generalsmäntel gefertigt; hechtgraues Tuch, Samtkragen mit scharlachrotem Paroli, Knopfleisten ebenfalls mit scharlachrotem Untertritt. Inseitig Etikett des k. u. k. Hoflieferanten »A. Uzel & Sohn Wien« mit handschriftlicher Datierung »Juli 1912«

41 Der Morgentoilette folgte das erste Frühstück des Kaisers, das ihm Ketterl um fünf Uhr früh servierte. Das Frühstück bestand aus Kaffee, Buttersemmerl mit Schinken und einem noch warmen Kipferl, das er gerne in den Kaffee tauchte.

Täglich um halb sechs Uhr früh musste der Friseur zum Dienst erscheinen. Ab 1902 war dies Josef Sennhofer, der auch ein Friseurgeschäft in der Habsburgergasse führte. Gab es abends noch eine repräsentative Veranstaltung, musste er am Nachmittag oder frühen Abend nochmals kommen, um den Kaiser zu frisieren bzw. zu rasieren und den Bart zu stutzen. Währenddessen unterhielt sich Franz Joseph gern über alltägliche Dinge und befragte den Friseur über die Meinung des Volkes zu tagesaktuellen Themen, wobei der Kaiser, wie der Friseur in seinen Memoiren betont, stets die volle Wahrheit verlangte. Bis zu Franz Josephs Tod blieb Sennhofer »Herr des kaiserlichen Backenbartes«. Der Kaiser lehnte modische Einflüsse und »Korrekturen« strikt ab. So färbte er sich im Unterschied zu vielen Zeitgenossen weder die Haare, noch verwendete er wie damals üblich Klebemittel zur Versteifung und Festigung der Schnurrbartspitzen.

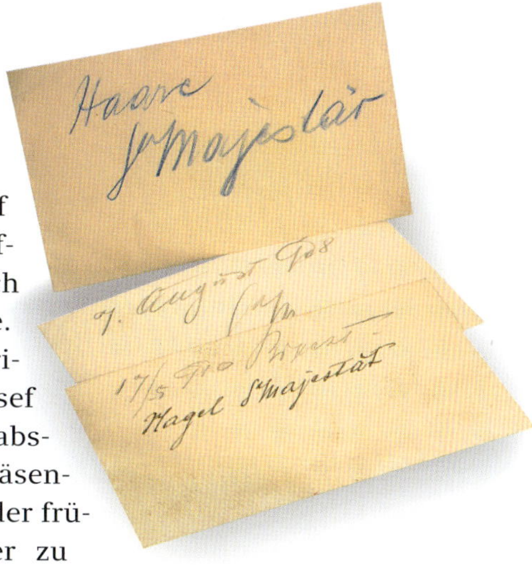

[41] »Haare Sr. Majestät« und »Nagel Sr. Majestät«, insgesamt neun Kuverts mit Haaren und einem Nagel des Kaisers, eigenhändig beschriftet von Kammerdiener Eugen Ketterl und datiert 1908–1910

Selbst dieses morgendliche Ritual diente als Quelle für die alljährliche Weihnachtsauktion. Dabei wurden auch Barthaare und Haare sowie ein Nagel des Kaisers versteigert – manche hübsch gefasst in einem Erinnerungsrahmen, andere lose in schmucklosen Kuverts mit der lapidaren Beschriftung »Haare Sr. Majestät« sowie dem betreffenden Datum.

[41] Barthaare des Kaisers in verglastem Stellrahmen und Lederfutteral, über dem Rahmen Kaiserkrone in Gold, Rückseite mit goldgeprägter Inschrift: »Haare v. Sr. Majestät des Kaisers Franz Joseph I. 7. 3. 1910«. Etui mit Herstellerbezeichnung des k. u. k. Hoflieferanten L. Schuchs Nachf.

42 Bevor sich der Kaiser zu seinem Arbeitstag an den Schreibtisch setzte, machte er im Sommer, wenn er in Schönbrunn oder Ischl residierte, gerne einen Morgenspaziergang. Er liebte diese Stunde, in der er meist ungestört seinen Gedanken nachgehen und vor allem an der frischen Luft sein konnte. Dabei machte der Kaiser mitunter auch Bekanntschaften – so sprach er eines Tages während seines Morgenspaziergangs im Schönbrunner Schlosspark die damals ganz junge Anna Nahowski an, die für viele Jahre seine Geliebte werden sollte.

[42] Persönlicher Gehstock Kaiser Franz Josephs, Griff in Form eines Elfenbeinzahnes mit Silbermontierung, Inventaretikett mit handschriftlicher Nummerierung (rechts)

Kaiser Franz Joseph bei seinem täglichen Morgenspaziergang in Ischl, Zeichnung von Theo Zasche, 1908 (links)

43 Eugen Ketterl kam 1894 im Alter von 35 Jahren auf Empfehlung des Grafen Bellegarde, dessen Schlossverwalter er gewesen war, an den Wiener Hof. Zwei Jahre lang diente er in der Tafelkammer, bis er 1894 zum Leibkammerdiener des Kaisers ernannt wurde. In dieser Funktion stand er der Kammer – dem persönlichen Haushalt des Kaisers – vor. Das Kammerpersonal bestand aus 14 Personen: vom Türhüter über den Büchsenspanner bis hin zu den Weißmädchen, die sich um die Wäsche kümmerten. Das Anschaffungsbuch der kaiserlichen Garderobe erinnert an eine der Hauptaufgaben des Leibkammerdieners, der genauestens über alle Ausgaben – wie Ankäufe und Reparaturen – Buch führte. Die letzten Eintragungen stammen vom Herbst 1916 und betrafen u. a.: »Herr Waldstein ... zwei Diplomaten-Brillen f. Allh. S. Majestät. Ein Zwickerfutteral; Herr Uzel & Sohn ... zwei österr. Marschall Camp. Hosen neu (18.10.) ... Uzel & Sohn ... Eine öst. M. Gala Rock und Hose Stickerei putzen u. bügeln. Heute noch liefern (24.10.).«

Kammerdiener Eugen Ketterl in der Uniformgarderobe der Wiener Hofburg, Zeichnung von Theo Zasche, 1908 (oben)

Eugen Ketterl, historische Fotografie (links)

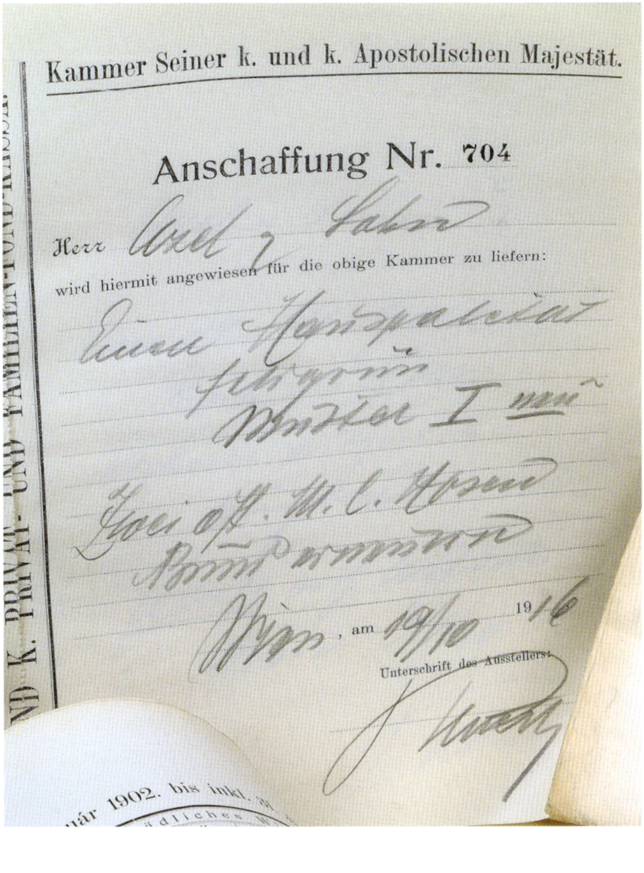

Kammer Seiner k. und k. Apostolischen Majestät.

Anschaffung Nr. 704

Herr Uzel & Sohn

wird hiermit angewiesen für die obige Kammer zu liefern:

Einen Hauspaletot

feldgrün

Muster I neu

Wien, am 19/10 1916

Unterschrift des Ausstellers:

[43] Kassabuch des Leibkammerdieners Eugen Ketterl über die Anschaffungen für die Kammer Seiner Majestät 1916 – Eintrag vom 19.10.1916 für »Einen Hauspaletot feldgrün Muster I neu«, der bei Hofschneider Uzel bestellt wurde.

Ketterl betreute den Kaiser 22 Jahre, bis zu dessen Tod, und wurde auch zu einem seiner engsten Vertrauten. Nach dem Ende der Monarchie schrieb Ketterl seine Memoiren, in denen er den Kaiser folgendermaßen darstellt: »Der Kaiser war zu uns allen sehr gütig und von eigenartiger Höflichkeit ... niemals befahl er, stets bat er um eine Dienstleistung und bedankte sich, wenn man ihm das Gewünschte reichte oder den Vollzug des Auftrages meldete ... Seine Majestät hatte sich ungeheuer in der Gewalt. Niemals sah ich den Kaiser launisch oder jähzornig, niemals hörte ich ihn schreien. Er fühlte als ›Kaiser‹ stets Hemmungen und hegte das Bewusstsein, daß ein Sichgehenlassen dem Prinzip des Kaisertums widerspreche. Er zeigte sich immer ruhig und selbstbeherrscht, mochte er in seinem Inneren auch noch so erregt sein.«[19]

44 Eine Episode, die Ketterl in seinen Memoiren festhält, zeugt nicht nur von der Anspruchslosigkeit, sondern vor allem auch von der Gutmütigkeit und dem doch ab und zu aufblitzenden Humor Franz Josephs: »Bereits auf der Reise hatte ich feststellen müssen, daß seine Majestät absolut nicht so betreut wurde, wie es erforderlich war. Was die Garderobe Seiner Majestät, zunächst die Zivilkleidung, betraf, so herrschten da geradezu trostlose Zustände. Der frühere Leibkammerdiener Hornung, der sie hätte instand halten sollen, war ein achtzigjähriger Greis, der sich um nichts mehr kümmerte und alle fünf gerade sein ließ, und schon allein der Umstand, daß sich der Monarch mit den Leistungen dieses bedächtigen und eigensinnigen alten Mannes zufrieden gab, beweist die Anspruchslosigkeit des Kaisers. Ein Beispiel nur: Ich kramte gerade im Wäschekasten, als der Kaiser eine bestimmte Uniformhose verlangte. Wir ließen alles liegen und stehen, stöberten in allen Kasten herum und – wie verhext – gerade diese Hose war nicht zu finden, Schweißperlen standen schon auf meiner Stirne, und wenn ich mir auch sagen musste, daß mich ja für die Vergangenheit keine Schuld treffen könne, war es mir höchst peinlich, daß ich gleich beim ersten Auftrag versagen musste. Ich berief sofort Sukkurs, und schließlich glaubte ein findiger Lakai die Lösung, oder besser, eine glückliche Ausrede in der Meldung gefunden zu haben, daß die Hose von Motten zerfressen worden sei. Der Kaiser verzog keine Miene, schüttelte nur den Kopf und sagte nachdenklich: ›Schrecklich, und nicht einmal die Knöpf' haben sie zurückgelassen!‹«[20]

[44] Zwei goldene Knöpfe Kaiser Franz Josephs mit Monogramm und Kaiserkrone

[44] Goldene Manschettenknöpfe Kaiser Franz Josephs mit Monogramm und Kaiserkrone

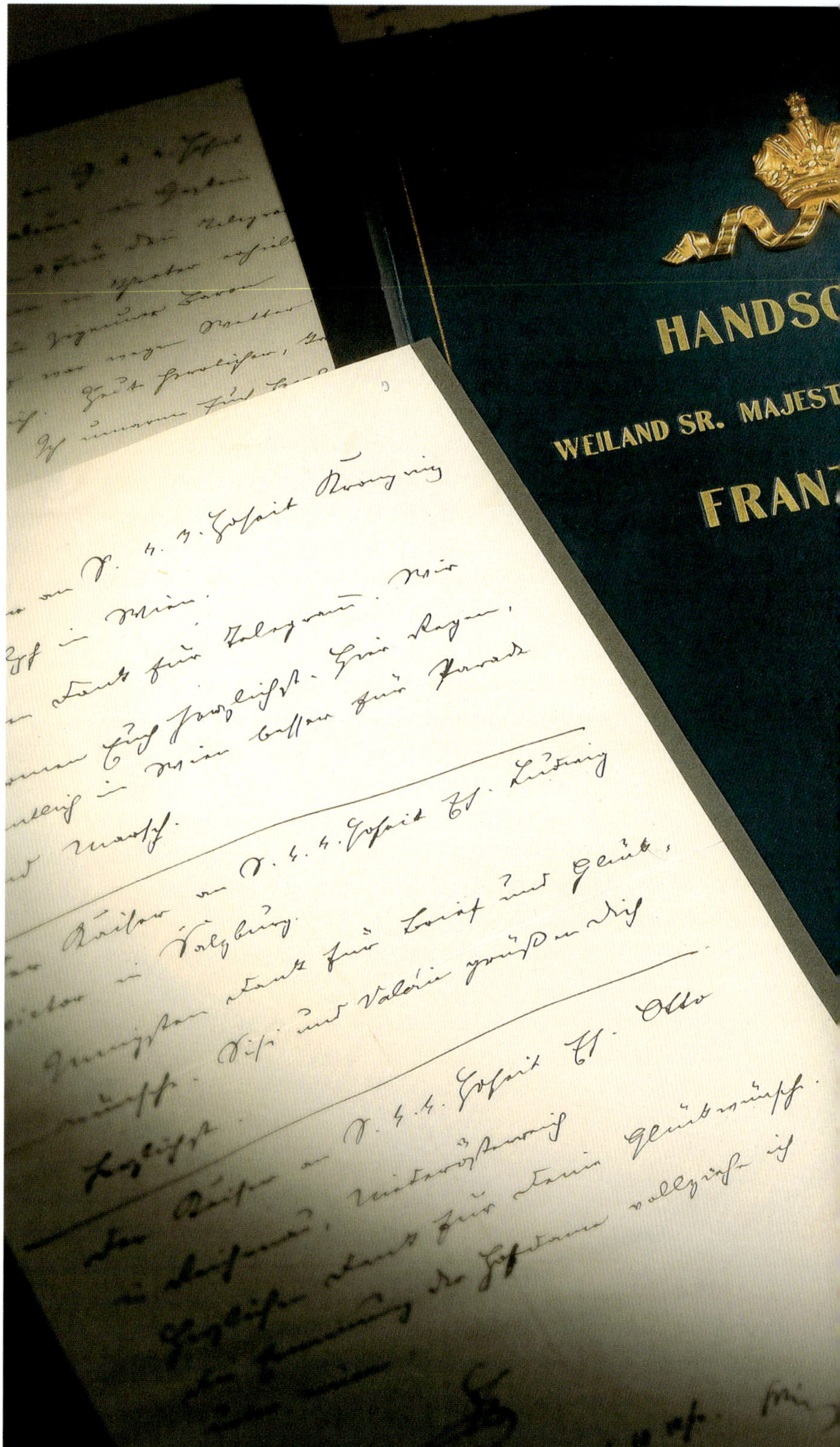

[45] Sammlung von Handschriften Kaiser Franz Josephs mit 26 eigenhändigen Telegrammentwürfen mit Paraphe, 1886–1888, sowie an den Kaiser adressierte gesiegelte Briefkuverts

TEN
AISERS U. KÖNIGS
SEF I.
Ischl 13/8. 1886, Nm. 2 Uhr.

45 Nach dem Frühstück begann der kaiserliche Arbeitstag – in erster Linie Aktenstudium sowie Korrespondenz. Franz Joseph war nicht nur ein geradezu fanatischer Briefeschreiber, sondern verfasste auch all seine Dienstanweisungen, Telegramme und Schriftstücke per Hand. Darunter auch kurze Notizen an Verwandte – mit Fragen, ob sie bei Veranstaltungen teilnahmen, wann sie an- oder abreisten oder Genesungswünschen. So schrieb der Kaiser an seinen eher entfernt verwandten Cousin Erzherzog Karl Salvator in Traunkirchen: »Ich habe dein Telegramm mit innigstem Bedauern erhalten und bitte um weitere Nachrichten über das Befinden deiner Tochter. FJ. Exp. Ischl 13/8 1856.« Sogar Fragen an seine Beamten bzw. Bitten zu ihm zu kommen, da er mit ihnen etwas zu besprechen habe, ließ er nicht über seine zahlreichen Adjutanten, Beamten oder Kammerdiener ausrichten, sondern verfasste diese Notizen handschriftlich und ließ sie weiterleiten. So hat sich eine Vielzahl persönlicher Schriftstücke erhalten, die uns nicht nur vom Tagesablauf des Kaisers erzählen, sondern auch ein anschauliches Bild seiner Persönlichkeit liefern. So trat er Untergebenen gegenüber ausnahmslos außergewöhnlich höflich auf. Die Formulierung, jemand möge »bei Gelegenheit, wenn

[45] Eigenhändiges Dienstschreiben des Kaisers an seinen Obersthofmeister Konstantin Fürst Hohenlohe vom 15.1.1887 sowie eigenhändiger Dienstzettel: »Bitte mündlich zu referieren« (unten)

Kaiser Franz Joseph beim Aktenstudium, Zeichnung von Theo Zasche, 1908 (rechts)

er/sie einen Moment Zeit habe, zu ihm kommen«, war charakteristisch für den Kaiser.

Um punkt neun Uhr meldete sich schließlich der Generaladjutant, dem der Chef der Militärkanzlei und der Obersthofmeister folgten, zur Audienz. Eugen Ketterl berichtet, dass Franz Joseph in seinen späten Jahren – entgegen dem Vorwurf seines Sohnes Rudolf, er würde nur die geschönten und zensurierten Berichte seiner Berater lesen – sehr wohl an den realen Zuständen interessiert war und Aufrichtigkeit und Offenheit schätzte. Böse konnte er seinem Kammerdiener zufolge nur werden, wenn er entdeckte, dass man Dinge vor ihm verheimlichen oder vertuschen wollte. Ketterl machte sich überhaupt bei der Hofkamarilla äußerst unbeliebt, da er sich bemühte, den Kaiser aus seiner eigentlich unfreiwilligen und vom Hof aufgezwungenen Isolation zu lösen. Erzherzogin Sophie hatte diese isolierte Stellung ihres Sohnes bis zuletzt forciert, und Franz Joseph war nie der Gedanke gekommen, sich dagegen aufzulehnen. Erst in den späten Jahren brachte ihm Ketterl zum Beispiel Zeitungen und Artikel, die man dem Kaiser sonst streng vorenthielt, und übermittelte ihm vieles, was er normalerweise nie zu hören oder zu sehen bekommen hätte.

46 Zweimal pro Woche fanden Generalaudienzen statt, zu denen ausnahmslos jeder Staatsbürger Zutritt hatte. Zu diesen Audienzen, die in der *Wiener Zeitung* angekündigt wurden, konnte jedermann mit seinen persönlichen Anliegen zum Kaiser kommen. In der Kabinettskanzlei suchte man um einen Termin an und nannte dabei auch den Grund seines Kommens.

Das Protokoll sah vor, dass die Herren entweder in Militär-, Beamten- und Hofuniform oder schwarzem Frack beziehungsweise die Damen im dunklen Schleppkleid oder in Natio-

[46] Die Kammer- und Hofopernsängerin Marie Renard bei einer Audienz, Zeichnung von Theo Zasche, um 1908

[47] Der Audienzwartesaal im Reichskanzleitrakt der Wiener Hofburg, Zeichnung von Theo Zasche, um 1908

naltracht zu erscheinen hatten. Vor allem Bürger aus ländlichen Gebieten, die über keinerlei Uniform oder gar Frack verfügten, erschienen überwiegend in Tracht. Dies war außergewöhnlich, doch Franz Joseph war es ein Anliegen, jeden seiner Untertanen anhören zu können, ohne dass Kleidungsvorschriften dies verhinderten. So gaben die Audienznehmer im Wartesaal in ihren regionalen Trachten auch ein buntes Bild der Monarchie ab.

47 Bis in die 1890er-Jahre empfing Franz Joseph an einem Vormittag durchschnittlich 100 Personen. Erst im hohen Alter wurde diese Zahl auf die Hälfte reduziert. Die Gründe, beim Kaiser vorzusprechen, waren unterschiedlichster und zumeist ganz privater Natur. Man kam, um sich für eine Auszeichnung zu bedanken, sich vorzustellen, wenn man ein öffentliches Amt angetreten hatte; war man in Notlage geraten, konnte man um finanzielle Unterstützung

oder etwa um Gnade für zu hart oder zu Unrecht bestrafte Verwandte bitten. Zeitgenossen geben uns in ihren Erinnerungen eine lebendige Vorstellung von der Situation und Stimmung im Wartesaal: Nervös übte jeder Audienznehmer immer und immer wieder den eingeübten Satz, mit dem er beim Kaiser vorstellig werden wollte, um nur ja nicht im entscheidenden Moment vor lauter Ehrfurcht womöglich kein Wort herauszubringen. Die Audienzen dauerten in der Regel nur einige Minuten und waren mit einem leichten Kopfnicken des Kaisers beendet.

48 Zweimal wöchentlich fanden die allgemeinen Ministerconseils statt, die im Konferenzzimmer abgehalten wurden. Während seiner 68-jährigen Regierungszeit sah der Kaiser zahlreiche Minister kommen und gehen und hielt wohl auch deshalb ganz bewusst Distanz zu ihnen. Die einzigen Vertreter seiner Regierungen, zu denen er auch persönlichen Kontakt pflegte, waren Graf Taaffe, der 17 Jahre lang an der Spitze der österreichischen Regierung stand und darüberhinaus ein Jugendfreund gewesen war, sowie Koloman Tisza. Abgesehen von diesen beiden

[48] Ministerkonferenz unter Vorsitz des Kaisers, Zeichnung von Lajos Hálmi, um 1908

[48] Der Vorstand der Militärkanzlei Arthur von Bolfras beim Rapport, Felician Myrbach, um 1908

»empfand der Monarch«, laut Ketterl, »für keinen ein besonderes Interesse«.

Die Minister mussten ausnahmslos in Frack und weißer Krawatte zu einer Audienz erscheinen, und nur dann, wenn ein Minister einen längeren Vortrag hielt und sich dabei seiner Akten bedienen musste, wurde er vom Kaiser eingeladen, Platz zu nehmen. Ansonsten mussten sie fast »habacht« stehen.

Bei Hofbediensteten war der Kaiser weniger streng. Die Gerüchte, dem Kaiser sei Adjustierung über alles gegangen und er sei sehr empfindlich gewesen, wenn jemand nicht im Frack vor ihm erschienen wäre, sind eine Legende. Im Gegenteil, Franz Joseph war generell ein unkomplizierter Monarch, strenge Adjustierung war ihm, abgesehen von Militärs, nur für die Minister bei den Ministerconseils wichtig. Sein Leibarzt Hofrat Kerzl trug, wie bereits erwähnt, bei der morgendlichen Visite ein Jackett oder einen Gehrock, und auch andere Personen, die in den frühen Morgenstunden zum Kaiser gerufen wurden, wussten, dass der Kaiser die Tageszeit berücksichtigte. Sie machten sich laut Ketterl sogar einen Spaß daraus, den Befehl »Rasch, er soll kommen, wie er ist« möglichst wörtlich zu befolgen. So geschah es des Öfteren, dass die diensthabenden Sektionsräte und Hofsekretäre der Militär- und Kabinettskanzlei sich am frühen Morgen nur im Nachthemd, über das sie malerisch den Mantel drapiert hatten, beim Kaiser meldeten oder, wenn ihre Morgentoilette bereits fortgeschrittener war, mit lose nach hinten geworfenem Schlips vor ihm erschienen.

49 Bereits im 17. Jahrhundert führten die Habsburger die Tradition ein, dass die besten Absolventen der Universitäten in einer eigenen Zeremonie »sub auspiciis Imperatoris« vom Kaiser persönlich promoviert wurden. Seit 1779 erhielten sie als Zeichen einen Ehrenring, der mit den Initialen des jeweiligen Kaisers versehen war. Unter Kaiser Franz Joseph wurden die kostbaren Ringe aus Gold mit Diamantbesatz von k. u. k. Hofjuwelier Köchert angefertigt. Nur etwa ein Prozent der Studierenden erreichte diese höchste Auszeichnung, für die man bereits alle Oberstufenzeugnisse mit »sehr gut«, die Matura mit »ausgezeichnetem Erfolg« sowie sämtliche Universitätsprüfungen einschließlich der Dissertation mit »Sehr gut«-Beurteilungen abgeschlossen haben musste.

[49] Kaiserlich-österreichischer Ehrenring »sub auspiciis Imperatoris«, Gold, Diamanten, Email mit dem bekrönten kaiserlichen Monogramm »FJI« in originalem Lederetui des Hof- und Kammerjuweliers A. E. Köchert Wien, um 1900

[50] Beeidigung des zum Geheimen Rat ernannten Herrenhausmitgliedes und Präsidenten des Kuratoriums des Technischen Gewerbemuseums Wilhelm Exner, Gemälde von Karl Schuster

KARL M. SCHUSTER

50 Zu den alltäglichen kaiserlichen Pflichten zählten auch Antrittsbesuche, Angelobungen und Beeidigungen. Die Ernennung zum »Geheimen Rat« war die höchste Auszeichnung für Beamte, bildeten die Geheimräte doch die Spitze des kaiserlichen Hofstaates und erhielten damit auch die Anrede »Exzellenz«.

51 Punkt zwölf Uhr wurde das Mittagessen serviert. Es bestand aus einer Suppe, Rindfleisch mit Gemüse, Beefsteak oder Geflügel und dazu ein Glas »Spaten-Bier«. Franz Joseph nahm sein Mittagessen immer an seinem Schreibtisch ein, um nicht wertvolle Zeit zu vergeuden und danach gleich wieder weiterarbeiten zu können. Ketterl war oft erbost, dass der Kaiser ausgerechnet in dieser kurzen Zeit des Mittagessens von Mitgliedern der Kabinettskanzlei mit »dringenden« Berichten gestört wurde, und verhalf ihm mit einer eher außergewöhnlichen Maßnahme zu einer kurzen Verschnaufpause: Er versperrte kurzerhand die Tür des Arbeitszimmers.

Der Nachmittag gehörte wieder den Akten – links die unerledigten, rechts die erledigten.

[51] Leibbüchsenspanner Friedrich Spannbauer richtet das Mittagessen für den Kaiser an, Zeichnung von Theo Zasche, 1908 (rechts)

Saucière aus dem persönlichen Porzellanservice des Kaisers, Manufaktur Haidinger, 1840 (links)

[52] Der Kaiser mit seiner Suite an der Tafel im Speisesalon des Hofzuges, Heliogravüre von Wilhelm Gause, um 1908

52 Vor allem auf Reisen war der Kaiser auf die Hilfe seines Kammerdieners angewiesen. Der Tod seines langjährigen Leibkammerdieners Pachmayer, dem er blind vertraute und von dem er in gewisser Weise sogar abhängig war, stürzte Franz Joseph daher in große Verzweiflung. So klagte er Katharina Schratt: »Mich hat wieder ein harter Schlag durch den schnellen Tod meines Kammerdieners Pachmayer getroffen, des einzigen, den ich wirklich in jeder Beziehung brauchen konnte. Er war für mich ... ein Gentleman durch und durch, dabei findig, willig, unverdrossen, geschickt. Ich weis noch nicht, was ich jetzt anfangen soll, besonders auf Reisen und gar, wenn ich Civilkleider nehmen muß, die so schwer anzuziehen und passend zusammenzustellen sind.«[21]

53 Die Position eines Kämmerers war in der strengen Hierarchie der Wiener Hofgesellschaft ausschließlich Mitgliedern der Aristokratie vorbehalten, die mit diesem begehrten Titel auch »hoffähig« wurden. Die wichtigste Aufgabe war es, bei öffentlichen repräsentativen Auftritten des Kaisers das persönliche Gefolge anzuführen. Als Zeichen ihrer Stellung trugen die Kämmerer abgesehen von ihrer Uniform auch einen Schlüssel, der die Zutrittsberechtigung zu den kaiserlichen Gemächern symbolisierte. Da Franz Joseph den konservativen Traditionen des Wiener Hofes große Bedeutung beimaß, achtete er auch genauestens auf deren Einhaltung. So waren ein moralisch absolut untadeliger Lebenslauf sowie ein entsprechendes eigenes Vermögen unbedingte Voraussetzung, um die Würde des Hofes auch nach außen repräsentiert zu wissen. Erfüllte einer der Kämmerer einen dieser Ansprüche nicht mehr, wurde er ausnahmslos aus dem Hofdienst entlassen bzw. wurden ihm seine Ehrentitel entzogen.

[53] Kämmererschlüssel des kaiserlichen Hofes, Modell Kaiser Franz Joseph I., 2. Typ (ca. 1870–1916), Messing vergoldet mit gespiegeltem Monogramm »FJI«

54 Am Nachmittag standen oft Spaziergänge oder Ausfahrten auf dem Programm, wobei auch diese »Freizeit« genau eingeteilt und streng geregelt war, wer ihn dabei begleiten durfte. Zu den engs-

[53] Uniformrock des k. u. k. Kämmerers Anton Graf Brandis, schwarzer Kämmererrock mit goldgestickten Aufschlägen und Taschen, vergoldete Messingknöpfe mit dem kaiserlichen Doppeladler, Schneideretikette A. Christ's Nachfolger, Innentasche mit Schneideretikett für Graf Brandis 28. 10. 1905

[54] Kaiser Franz Joseph mit seinem Generaladjutanten Eduard Graf Paar in einem zweispännigen Wagen am Vorplatz des Schlosses Schönbrunn, Aquarell von Heinrich Gottfried Wilda, 1888

ten Vertrauten des Kaisers zählte sein Generaladjutant, ein Amt, das Eduard Graf Paar viele Jahre innehatte.

Da die Zugehörigkeit zur höfischen Gesellschaft automatisch mit einer daraus resultierenden Nähe zum Monarchen verbunden war, kam sie einer Auszeichnung gleich. Um gleichzeitig die erhabene Stellung des Kaisers zu veranschaulichen, wurde der Zugang zum Kaiser so restriktiv wie möglich gestaltet und eine strenge Rangabfolge geschaffen, um anschaulich zu machen, wer auf welcher Stufe der Hierarchie stand. Jeder Rang setzte entsprechende Kleidung, Verhalten und Lebensstil voraus und es herrschten klare Regeln, wer wo wann wohin zugelassen wurde. Der Adel konkurrierte daher um die Gunst des Kaisers, galten doch Rang und damit verbundene Zutrittsrechte zum Monarchen als Gradmesser der Stellung bei Hof und damit auch in der Monarchie.

55 Seit seiner Öffnung für die Bevölkerung unter Kaiser Joseph II. war der Prater das beliebteste Naherholungszentrum der Wiener. Die Freudenau wurde zum Zentrum des Pferdesports und das jährliche Derby sowie der berühmte Blumenkorso auf der Hauptallee zählten zu den gesellschaftlichen Höhepunkten.

Der weitläufige Prater bot Gelegenheit für ausgedehnte Spazierritte und Spaziergänge, die ein Fixpunkt im Tagesablauf der kaiserlichen Familie waren. Aber auch kurze Ausfahrten im offenen Wagen waren sehr beliebt, um zwischendurch an die frische Luft zu kommen, außerdem konnten dabei viele Angelegenheiten diskret besprochen werden, ohne »Zeit zu verlieren« – und man konnte sich in der Öffentlichkeit sehen lassen.

[55] Kaiser Franz Joseph in der Kutsche vor dem Lusthaus im Wiener Prater, Aquarell von Karl Wenzel Zajitcek, um 1900

Kaiser Franz Joseph mit seinem Generaladjutanten Graf Paar in einer Kutsche im Inneren Burghof, Aquarell von Carl Franz Bauer, um 1900

[56] »Der kleine Bittsteller«,
Aquarell nach einer Fotografie von Julius Kossak , 1898

56 »Der kleine Bittsteller« war eines der beliebtesten Motive in der Darstellung Franz Josephs und erfuhr um die Jahrhundertwende zahlreiche Verbreitung. Da die meisten Untertanen ihren Kaiser nur von repräsentativen, ernsten Porträts kannten, sollte mit diesem »Motiv« das Bild des sympathischen, volksnahen, umgänglichen, gütigen alten Kaisers vermittelt werden. Umso bemerkenswerter ist, dass die Lithographie keine künstlerische Komposition darstellt, sondern nach einer Fotografie entstand – einer der wenigen echten »Schnappschüsse« des Kaisers. Denn durch das strenge Zeremoniell bei Hof war Franz Joseph eigentlich abgeschottet. Der unmittelbare Zugang zum Kaiser war äußerst restriktiv geregelt – auch um bewusst die »Unnahbarkeit« des Kaisers zu betonen. Franz Joseph war jedoch unkompliziert im Umgang, ging bekanntermaßen jeden Tag im Schönbrunner Schlosspark spazieren und ließ sich dabei durchaus sogar ansprechen bzw. sprach des Öfteren von sich aus Spaziergänger oder auch Gärtner an, um sich nach etwas zu erkundigen oder um zu plaudern.

Der Kaiser spricht im Schönbrunner Schlosspark einen Gärtner an, Zeichnung von Theo Zasche, um 1908

57 Obwohl Franz Joseph als Jugendlicher sportlich und mutig war, war er zunächst kein begeisterter Reiter – im Gegenteil kostete es ihn viel Kraft, seine Angst vor großen Pferden zu überwinden. Wie belastend er diesen Druck empfunden haben muss, ja nicht zu versagen, zeigte sich in einer bei Hof wenig beachteten Tatsache: Über einen längeren Zeitraum hinweg klagte Franz Joseph über Magenschmerzen und erbrach jeden Tag vor Beginn seines straff organisierten Tages, der nicht selten mit einer frühmorgendlichen Reitstunde begann. Sein Reitlehrer fürchtete schon, dass Franz Joseph niemals reiten lernen würde, hatte aber nicht mit dem starken Willen seines Schülers gerechnet: Franz zwang sich, seine Angst in den Griff zu bekommen, und wurde aufgrund seiner ungeheuren Willensanstrengung und Zähigkeit schließlich ein sicherer und eleganter Reiter. Dieser unbeugsame Wille, die Härte gegen sich selbst und Pflichterfüllung als oberstes Prinzip sollten ihn zeit seines Lebens charakterisieren.

[57] Reitunterhose Kaiser Franz Josephs aus Baumwolle mit Leinenbindung und rot gesticktem kaiserlichen Monogramm »FJ« und Jahreszahl (18)94 und Reitgerte mit Lederbezug, Elfenbeinknauf und eingelegtem Monogramm »FJ« mit österreichischer Kaiserkrone, um 1900

Kaiser Franz Joseph zu Pferd, Statuette, um 1890

58 Neben der Jagd war seine einzige Leidenschaft – und gleichzeitig das einzige »Laster«, das sich Franz Joseph nicht nehmen ließ – das Rauchen. Er liebte seine Virginier, eigentlich eine billige, aber aromatische Zigarre der österreichischen Tabakregie, die auch von den Wiener Fiakern geraucht wurde und daher »Kutscherzigarre« genannt wurde. Erst in späteren Jahren musste der Kaiser auf Anraten der Ärzte auf die leichtere Sorte Regalia Media umsteigen. Nur zu seinem Geburtstag gönnte er sich dann noch eine Virginier, die er mit größtem Genuss rauchte. Da er zeit seines Lebens starker Raucher war, verwendete der Kaiser die für ihn typischen langen Zigarrenspitze, damit ihn der Rauch nicht störte. Seine Vorliebe für die Virginier hatte zur Folge, dass ihr Name bald von »Kutscherzigarre« zur »Kaiserlichen« mutierte, wie folgende Anekdote belegt: Ausgerechnet das erste private Treffen des Kaisers mit Katharina Schratt stand unter keinem guten Stern. Die Schratt war erst in der Nacht in ihrer Villa am Wolfgangsee angekommen, hatte nicht ausgepackt, nichts eingekauft, nichts vorbereitet und prompt hatte sich der sehnsüchtige Kaiser für diesen Morgen zu einem Besuch angesagt. »Meine Bestürzung erreichte den Höhepunkt«, erzählte Katharina Schratt später, »als mir einfiel, daß ich nur Regiezigarren zu Hause habe; ich wußte doch, wie gerne Seine Majestät eine gute Zigarre raucht. Das ist aber nicht richtig, was man mir später dann nachgesagt hat, ich hätte damals ausgerufen ›Jessas, und jetzt hab' ich nix anderes als eine schlechte Kaiserliche im Haus!‹«[22]

Wie intensiv der Zigarrengenuss des Kaisers war, schildert Ketterl in seinen Memoiren im Kontext einer Zugfahrt: »Saß aber der Kaiser mit dem Grafen Paar allein im Coupé, so

[58] Persönlicher Zigarrenspitz Kaiser Franz Josephs aus Meerschaum mit Edelholzholm, Hornmundstück und kleiner Quaste, um 1910

[58] Zigarrenschachtel des Kaisers mit Namenszug und Wappen mit zwei originalen Zigarren des Kaisers der Marke »Regalia Media«, um 1914, Geschenk von Karl Baron Prileszky (Hofwirtschaftsdirektor am kaiserlichen Hof) an Leopold Freiherr Popper von Podhragy

beschränkte sich die Unterhaltung beider auf das Entwickeln ungeheurer Rauchwolken, so daß manchmal durch den dicken Tabakqualm kaum mehr Kaiser und Generaladjutant zu unterscheiden waren.«[23]

Eine Folge des starken Tabakkonsums war ein chronischer starker Husten, den Franz Joseph über Jahrzehnte mit Codein aus der Hofapotheke, das er zwei- bis dreimal täglich in Form von Pulver oder Tropfen zu sich nahm, zu lindern versuchte.

[58] Persönliches Zigarrenetui des Kaisers mit Zigarrenschneider, Leder, anhängend Visitenkarte des Leibkammerdieners Eugen Ketterl mit eigenhändiger Bestätigung sowie weiterer Unterschrift des Leibbüchsenspanners Hoschtalek, 1916

59 Ein eindrückliches Bild von der Herzlichkeit des Kaisers vermittelt auch folgender Tagebucheintrag der Gräfin Marie Festetics, Hofdame der Kaiserin Elisabeth. Als sie nach einem operativen Eingriff am Arm nach längerer Zeit wieder an den Hof zurückkehrte, traf sie den Kaiser überraschend auf dem Gang vor ihrem Zimmer: »›Guten Morgen, Gräfin Marie! Ich bin glücklich, daß es Ihnen wieder gut geht und sehr, sehr erfreut, Sie wieder zu sehen. Es ist eine Ewigkeit.‹ Und Er machte so ein freundliches, erfreutes Gesicht und schüttelte mir herzlich die Hand ... ›Wann werden wir wieder die Freude haben, Sie beim Speisen zu haben?‹ – ›Eure Majestät, ich kann den Arm nicht brauchen und bin so langsam und ungeschickt.‹ – ›Wird nicht so arg sein und wir werden helfen. Kommen Sie nur gleich heute, ich werde es gleich sagen.‹ Er schüttelte mir wieder die Hand, sagte noch nette, liebe Sachen und rannte fort. Ich war ganz gerührt, so gut Er ist, demonstrative ist Er selten. Und durch den festen Zügel, an dem Sein Herz gehalten wurde, ist eine Gattung Unbehülflichkeit und Verlegenheit, die Ihn hindert, Seine überbordende Güte, die Ihn eigentlich erfüllt. Er ist sehr gut! Aber sogar gegenüber Seiner Kinder genirt für Gefühlsregungen.«[24]

[59] Kaiser Franz Joseph in Zivil, seltene Aufnahme des Kaisers aus dem privaten Familienalbum

60 Die goldene Taschenuhr des Kaisers mit reliefiertem persönlichen Monogramm war ein Geschenk seiner Enkelkinder. Sie stammt aus dem Nachlass der Familie Erzherzogin Marie Valeries und erinnert an den engen Kontakt Franz Josephs zu den Kindern seiner jüngsten Tochter.

Franz Joseph war vierzehnfacher Großvater und die Enkelkinder hatten ein weitaus weniger distanziertes Verhältnis zu ihm als seine Kinder. Vor allem mit den Kindern seiner Tochter Marie Valerie verbrachte er viel Zeit auf Schloss Wallsee in Niederösterreich, feierte mit ihnen Ostern und Weihnachten, kam aber auch gern zwischendurch ein paar Tage und genoss das harmonische und fröhliche Fami-

[60] Persönliche Taschenuhr
Kaiser Franz Josephs, goldene Herrentaschenuhr, Doppelmantel, vergoldetes Ankerwerk, Feinregulierung, Kompensationsunruh, Emailziffernblatt mit kleiner Sekunde, Sprungdeckel mit aufgelegtem, reliefiertem persönlichen Wappen des Kaisers

lienleben. Vor allem aber liebte er die Rolle des »Opapas«, wie ihn die Kinder nannten, spielte stundenlang Verstecken oder Hoppa-hoppa-Reiter mit ihnen, krabbelte auf dem Boden und aß gehorsam in der Puppenküche fabrizierte Phantasiegerichte. Valerie schrieb in ihr Tagebuch: »Die Kinder sind seine größte Freude – er rollte sich sogar am

Boden, Ella zulieb.«[25] Wenn die Enkel zu Besuch in Wien waren, durften sie ihm in seinem Arbeitszimmer beim Arbeiten zusehen bzw. neben ihm spielen. Er verteilte dann Umschläge geöffneter Briefe sowie Buntstifte und hob die fabrizierten Zeichnungen stolz auf. Sobald die Kinder allein essen konnten, durften sie sogar bei ihm im Arbeitszimmer essen. So schweigsam und gedrückt Franz Joseph vor allem nach Elisabeths Tod im Beisein seiner Töchter war, so unbeschwert und fröhlich war er in Gesellschaft der Enkel, die ihm für ein paar Stunden ein spätes »Familienleben« schenkten.

61 Einer der Höhepunkte der Karwoche war die Zeremonie der Fußwaschung am Gründonnerstag, die das religiöse Selbstverständnis der Habsburgerherrscher demonstrieren sollte. Dieser symbolische Akt sollte an Christus erinnern, der am Tag des letzten Abendmahls seinen Jüngern als Zeichen seiner Demut die Füße wusch. Für die österreichischen Kaiser bedeutete das Ritual sowohl einen Ausdruck ihrer Demut vor Gott sowie allen Menschen gegenüber als auch der christlichen Nächstenliebe als Grundpfeiler ihres Herrschertums. Der Tradition entsprechend wusch der Kaiser dabei eigenhändig jedes Jahr zwölf ausgewählten alten Männern knieend die Füße, nachdem er ihnen Speis und Trank gereicht hatte. Als Erinnerung durften die Männer sowohl den Zinnbecher, aus dem sie getrunken hatten, als auch einen der bemalten Keramikkrüge der Fußwaschungszeremonie selbst, die aus einer Fabrik am Rhein bezogen wurden, behalten. Zusätzlich erhielten die Herren einen weißledernen, mit dreißig Silberkronen gefüllten Beutel, den der Kaiser ihnen mit daran befestigten schwarzgelben Schnüren um den Hals hing.

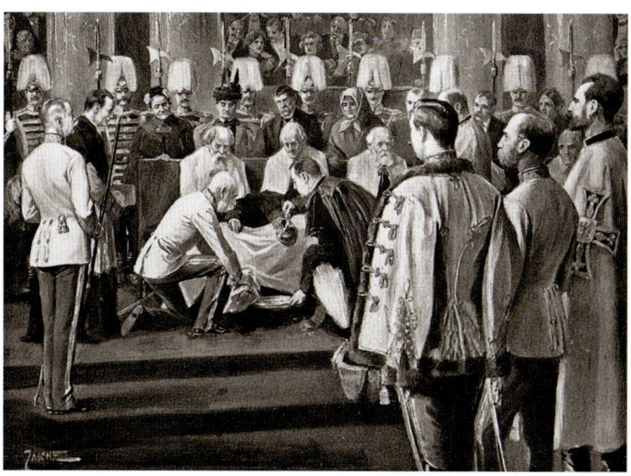

[61] Kaiser Franz Joseph bei der Fußwaschungszeremonie, Heliogravüre von Theo Zasche, um 1908

[61] Fußwaschungskrug, Keramik mit türkisgrüner Glasur, Kartusche in Kaltmalerei, auf Goldgrund kaiserlicher Doppeladler mit Spruchband: »F. J. A. I. H. B. R. A. A. 1858« (Franciscus Josephus Austriae Imperator Hungariae Bohemiae Rex Austriae Archidux)

Fußwaschungsbecher, Zinn versilbert, Wandung graviert mit kaiserlichem Doppeladler und Buchstabenband: »F. J. I. D. G. A. I. B. R. etc. ac Ap. R. H.« (Franciscus Josephus I. Deo Gratiae Austriae Imperator Bohemiae Rex etc. ac. Apostolicus Rex Hungariae), 1905

Danach wurden die ausgewählten Stadtältesten in Hofkutschen nach Hause gebracht.

Bis ins hohe Alter vollzog Franz Joseph diese Zeremonie, 1900 schrieb der siebzigjährige Kaiser an Katharina Schratt: »Gestern war die Fußwaschung wie gewöhnlich ... die Herumrutscherei beim Fußwaschen hat meinem Rücken nicht geschadet, und auch Prälat Marschall, der das Wasser aufgoß, hat weniger gekeucht wie sonst.«[26]

62 Während Bildnisse des Monarchen gängige Geschenke zu Dienstjubiläen darstellten, zählten Zigarrenetuis und Tabatieren seit der Barockzeit zu beliebten Ehrengeschenken – vor allem in diplomatischen Kreisen. Je kostbarer die Ausführung, desto höher war die Wertschätzung des Beschenkten.

[62] Geschenkporträt Kaiser Franz Josephs mit eigenhändiger Unterschrift, Silberabzug in Boudoir-Format in prunkvollem Rahmen aus Messing vergoldet und tw. emailliert, in den Ecken aufgelegt der Allerhöchste Namenszug »FJ« sowie das Wappen Habsburg-Lothringen, mit österreichischer Kaiserkrone in Silber, vergoldet und emailliert gearbeitet, in originaler, mit Seide ausgekleideter Kassette mit Firmenstempel J. C. Klinkosch, k. u. k. Hof- und Kammer-Lieferant Wien, um 1900

[62] Goldene Geschenktabatiere Kaiser Franz Josephs mit Diamanten, eingelegtem Allerhöchsten Namenszug »FJI« mit Krone in Diamanten sowie zwei Rubinen, Deckeldrücker mit Saphircabochon, Meisterzeichen des Hofjuweliers A. E. Köchert, in originalem Etui mit goldgeprägtem kaiserlichen Doppeladler

Kaiser Franz Joseph im Ornat des Ordens vom Goldenen Vlies, seitlich die österreichische Kaiserkrone mit Reichsapfel, Gemälde von V. Kretschmer, um 1900

[63] Orden vom Goldenen Vlies, Halsdekoration, Gold emailliert, große komplette Ausführung bestehend aus goldenem Widderfell, rotemaillierten Flammen, blauemailliertem Feuerstein mit dem Ordensspruch »Pretium laborum non vile« (Kein geringer Preis der Arbeit), feine und seltene Arbeit des Wiener Hofjuweliers C. F. Rothe und Neffe, 1. Hälfte 20. Jh.

[63] Persönliches Ordensband vom Goldenen Vlies; rotes kurzes Halsband, anhängend Visitenkarte des Leibkammerdieners Eugen Ketterl mit eigenhändiger Bestätigung der Herkunft: »… bestätigt, daß dieses kurze Goldene Vliesband ausschließlich von Sr. k. u. k. apost. Majestät Franz Josef I. getragen wurde. Wien, Schönbrunn 1912«

63 Der 1430 vom burgundischen Herzog Philipp dem Guten gegründete Orden vom Goldenen Vlies ging nach dem Aussterben der burgundischen Herzoge auf die Habsburger über, die nach der Heirat Kaiser Maximilians mit Marie von Burgund das burgundische Erbe angetreten hatten. Für die Namensgebung war Philipps Vorliebe für griechische Mythologie ausschlaggebend, leitet sich doch der Name sowie die Ordenssymbolik mit dem goldenen Widderfell (Vlies) von der Geschichte Jasons und dem Goldenen Vlies aus der Argonautensage ab. Die christlich verbrämte Version von Gideon mit dem Goldenen Vlies kam erst später mit den katholischen Habsburgern hinzu. Der Vliesorden war der bedeutendste und prestigeträchtigste Orden der Monarchie. Er war einerseits ein Privileg, mit dem der Kaiser verdienstreiche Aristokraten auszeichnen konnte; gleichzeitig konnte er sich damit ihrer Unterstützung versichern und einen Kreis loyaler Anhänger bilden, die die Elite des Landes darstellten. Die Ordensverleihung brachte ursprünglich enorme Vorzüge wie Steuerfreiheit und gerichtliche Immunität mit sich. Sie war daher eine besondere Auszeichnung und verständlicherweise heiß begehrt. Jedes der ursprünglich dreißig, später fünfzig Mitglieder trug den Vliesorden als sichtbares Zugehörigkeitszeichen um den Hals. Der Orden existiert bis heute unter der Führung der Familie Habsburg-Lothringen, seine jährlichen Zusammenkünfte finden in der Wiener Deutschordenskirche statt.

[64] Aus der Fotoserie des Huldigungsfestzuges anlässlich des 60. Regierungsjubiläums des Kaisers 1908: »Böhmen«, Nationalitätenfestgruppe (oben) sowie »Die Zeit Kaiserin Maria Theresias« (unten) aus der historischen Festgruppe

64 Anlässlich des sechzigjährigen Regierungsjubiläums wurde 1908 ein prunkvoller und von Hans Makart pompös in Szene gesetzter Huldigungsfestzug auf der Ringstraße inszeniert, der nicht nur die Geschichte Österreichs und der Habsburgerdynastie darstellte, sondern mit dem bunten Bild der verschiedenen Volksgruppen die Vielseitigkeit und Größe der k. u. k. Monarchie veranschaulichen sollte.

65 Die Hofbälle sowie der Ball bei Hof gehörten zu den jährlichen Höhepunkten des Wiener Hofes. Am Hofball konnten neben der Hofgesellschaft jeder, der einen österreichischen Orden besaß, jeder Offizier, der eine Einladung erhalten hatte, sowie alle Diplomaten bei Hof nebst den dazugehörigen Gattinnen – so sie entsprechend aus adeligem Geschlecht und damit hoffähig waren – teilnehmen. Berühmt-berüchtigt war das Buffet mit den köstlichsten Leckerbissen wie Gänseleber und Hummer sowie unzähligen Desserts, die dekorativ und kunstvoll arrangiert waren. Der Ball bei Hof hingegen, bei dem die Hocharistokratie unter sich blieb und der mit einem gesetzten Essen begann, war wesentlich exklusiver.

[65] Der Kaiser auf dem Hofball beim Cercle, Zeichnung von Theo Zasche, um 1908

Während er als junger Kaiser noch als galanter Ballpatron und begeisterter Tänzer bis in die Morgenstunden bewundert war, liebte Franz Joseph diese prunkvollen Feste im Alter gar nicht, da sie seine »Ruhe« störten und er nicht wie gewöhnlich zwischen acht und neun Uhr abends schlafen gehen konnte.

Eine beliebte Tradition bei allen Bällen waren die sogenannten Ballspenden oder Damenspenden – ein kleines Präsent des Veranstalters für jede Ballbesucherin. Doch die beim Hofball am Ende des Balles verteilten Hofballzuckerln – kleine Bonbonieren mit den Bildnissen der verschiedenen Mitglieder der kaiserlichen Familie oder Kopfbedeckungen der k. u. k. Armee in Miniaturform – erfreuten sich besonderer Beliebtheit. Die Zuckerln stammten von k. u. k. Hofzuckerbäcker Demel und galten als besondere Köstlichkeit.

[65] Ball bei Hof, Schluss der Quadrille, Heliogravüre von Theo Zasche, um 1908

[65] Hofballzuckerl und Ballspenden des kaiserlichen Hofes

Tafelkultur

Galadiner zu Ehren des Besuches des Zaren Nikolaus II. im Zeremoniensaal der Wiener Hofburg, Zeichnung von Lajos Halmi, 1908 (oben rechts)

[66] Teller, Platten, Schalen, Legumière, Gewürzschälchen, Deckeldose und große Gewürzgarnitur aus dem sogenannten silbernen »Wappenservice«, Silber mit graviertem österreichischen Wappen mit Erzherzogskrone, Mayerhofer & Klinkosch um 1833. Das Silberservice befand sich ursprünglich im Besitz Erzherzogin Sophies und wurde nach ihrem Tod an Kaiser Franz Joseph vererbt und für private Diners verwendet.

66 Tafelkultur war ein essenzieller Bestandteil kaiserlicher Repräsentation; mit dem Prunk und der Pracht der festlich geschmückten Hoftafeln sollte die Bedeutung des österreichischen Kaiserhauses anschaulich dargestellt werden.

Zur Hoftafel erhielt man eine »Einladung zur Tafel bei Seiner Majestät dem Kaiser«, worauf Datum und Uhrzeit, zu der man zur Hofburg zufahren sollte, ebenso vermerkt waren wie der Ort, an welchem man sich mit den übrigen Gästen zu versammeln hatte, sowie die Bekleidungsvorschrift. Wenn alle Gäste versammelt waren, wurde der Kaiser informiert und begab sich zu seinen Gästen. Nach einer kurzen Begrüßung ging man zu Tisch. Der Kaiser saß immer in der Mitte der prächtig geschmückten Tafel, ihm gegenüber sein Ehrengast, wobei Damen und Herren abwechselnd platziert waren. Konversation war nur mit den Tischnachbarn gestattet. Dass selbst gekrönte Häupter vor dem prunkvollen Zeremoniell Ehrfurcht hatten, zeigt folgendes Zitat des preußischen Königs Friedrich Wilhelm IV.: »Jedesmal wenn ich in der Wiener Hofburg zu Gast bin, komme ich mir wie ein Parvenu vor!«[27]

Auftragende Lakaien beim kaiserlichen Galadiner, Zeichnung von Theo Zasche, um 1908

[67] Speisegarnitur aus dem persönlichen Porzellanservice Kaiserin Maria Annas. 55 Teile, bestehend aus einer großen und zwei kleinen Terrinen, zwei Saucièren, einem Senfgefäß, 30 großen Tellern, sechs Suppentellern, vier runden Platten, einer runden Schüssel, drei ovalen Platten, fünf Untertassen. Porzellan weiß glasiert mit Goldrand, alle Teile mit Monogramm »MA« mit Kaiserkrone, Manufakturbezeichnung »Haidinger« Böhmen, um 1840

67 Der Tradition entsprechend wurde dem Kaiser gleichzeitig mit seinen Gästen serviert, wobei er selbst von seinem Leibjäger oder vom diensthabenden Leibkammerdiener bedient wurde. Die übrigen Gäste wurden von Gruppen zu vier Mann, die für je vier Gäste zuständig waren, bedient. Der Servierlakai bot die Schüsseln und Platten an, der Weinlakai die Getränke, der Saucenmann gab die Saucen sowie das Gemüse aus. Der vierte Lakai wechselte die Teller, wobei das gesamte Servierpersonal unter der Aufsicht des Hoftafelinspektors präzise und vor allem lautlos zu arbeiten hatte.

Das Gerücht, man habe bei Hof nichts zu essen bekommen, da der Kaiser so wenig und so hastig aß, dass bereits wieder abserviert wurde, kaum dass man serviert bekommen hatte, entspricht nicht den Tatsachen. Der Kaiser nahm selbstverständlich auf seine Gäste Rücksicht. General Mendl-Burghardt, selbst einige Male Gast bei Hof, erinnert sich: »Man hat oftmals gehört, dass man sich bei einer Hoftafel nicht sattessen könne, weil ein Gang den anderen jage. Dem muß ich nun entschieden widersprechen; denn es blieb genügend Zeit, von der Fülle des Gebotenen reichlich zu genießen ...«[28]

68 Zu jedem Gang wurde ein anderer Wein serviert, wofür jeweils ein eigenes Glas vorgesehen war. Hoftafeln begannen gewöhnlich mit Austern, zu denen Chablis getrunken wurde, danach gab es Suppe, zu der Bier kredenzt wurde, zur Vorspeise gab es Rheinwein, zum Fisch Bordeaux, zum Filet Champagner, zum Braten oder Geflügel Sherry oder Madeira, zum Dessert ungarischen Tokajer oder Lacrima Christi und zum schwarzen Kaffee wurden schließlich verschiedene Liköre serviert.

Franz Joseph selbst trank am liebsten französischen Champagner oder bayerisches Bier, nie jedoch Liköre, und Schnäpse nur bei der Jagd.

Ganz im Gegensatz zu Wien waren die Familiendiners in Ischl heiter und fröhlich – wohl auch deshalb, weil nur jene Personen anwesend waren, die persönlich eingeladen und dem Kaiserpaar daher auch sympathisch waren. Nicht selten kam es auch zu amüsanten Situationen wie der folgenden, an die sich Elisabeths Hofdame Marie Festetics erinnert: »Gelegentlich eines Diners saß der Flügeladjutant Prinz Lobkowitz der Kaiserin gegenüber und spielte bei der Suppe achtlos mit dem Zahnstocher. Auf einmal sprang ihm dieser aus der

[68] Glasgarnitur Kaiser Franz Josephs aus dem Ischler Knorrenservice. 96 Stück, bestehend aus 12 Wasser-, 12 Rotwein-, 12 Weißwein-, 12 Dessertwein-, 12 Süßwein-, 12 Likör-, 6 Schnapsgläsern, 12 Champagnerschalen, 3 großen und 3 kleinen Wasserkaraffen mit Stöpsel. Farbloses Kristallglas, geschliffen, Wandung jeweils mit geschliffenem kaiserlichen Doppeladler, J. & L. Lobmeyr, Wien, um 1860

Familiendiner in der Kaiservilla in Ischl, Zeichnung von Theo Zasche, 1908

Hand und flog in hohem Bogen über den Tisch – ausgerechnet in den Teller der Kaiserin. Anfangs tat sie noch so als wäre nichts passiert, konnte sich dann aber nicht mehr halten und musste so lachen, dass ihr die Tränen übers Gesicht liefen. Daraufhin fragte Franz Joseph: ›Ja was ist denn, was hast du denn? Ich möchte auch mitlachen.‹ Der arme Flügeladjutant saß vernichtet da und sah die Kaiserin flehend an. Elisabeth wand sich zum Kaiser und sagte mit schalkhaftem Gesicht: ›Weißt du, es ist mir etwas ›eingefallen‹.«[29]

69 Die Tafel war stets mit vergoldeten Tafelaufsätzen geschmückt, die mit Konfekt und Blumen – die allerdings geruchlos sein mussten – dekoriert waren. Das Besteck lag auf der rechten Seite des Tellers und war von außen nach innen aufgelegt. Die Tafel war jeweils für einen Gang gedeckt, neben dem Gedeck befanden sich die Menükarte sowie ein persönliches Salzschälchen. Zeitgenossen berichten, dass der Kaiser, der sonst höchsten Wert auf Etikette legte, zum Essen meist nur Gabel und Löffel verwendete. Selbst das Rindfleisch – vor allem sein geliebter Tafelspitz – musste so mürbe sein, dass er ihn allein mit der Gabel teilen und essen konnte. Das polierte Messer verwendete der Kaiser Zeitgenossen zufolge nur als »Spiegel«, um seinen Bart zu richten.

[69] Besteckgarnitur Kaiser Ferdinands I. aus dem Wiener Hoftafelsilber in originaler Holzkassette. 158 Teile, bestehend aus 50 Suppenlöffeln, 50 Fleischgabeln, 50 Fleischmessern, 2 Salatvorlegelöffeln und 2 Salatvorlegegabeln, 4 großen Vorlegelöffeln. Jeweils aufgelegter kaiserlicher Doppeladler in Kartusche sowie graviertes Monogramm »FI« und Jahresgravur. Mayerhofer und Klinkosch, 1852. Nach dem Tod Kaiser Ferdinands, der nach seiner Abdankung 1848 in Prag residiert hatte, ging neben dem großen privaten Vermögen auch die kaiserliche Tafelausstattung an seinen Erben Franz Joseph. (oben)
Gabel Kaiserin Elisabeths mit einem bekrönten Delfin als ihrem persönlichen Wappen (rechts)

70 Franz Joseph war zwar kein Weinliebhaber, doch der Hofkeller war mit den verschiedensten Weinsorten bestückt. Österreichische Weißweine wurden in Fässern vom Schottenstift, von Stift Klosterneuburg sowie Winzern aus Nußdorf und Gumpoldskirchen bezogen, Rotweine kamen größtenteils aus Ungarn, dazu Rheinweine aus Deutschland. Französische Weine wurden in Flaschen bestellt und von den Großhändlern Stiebitz und Kattus geliefert. Für die Bediensteten gab es einen eigenen »Mischwein«, der in einem extra angefertigten Riesenbetonfass, das 673 Hektoliter fasste, gelagert war.

[70] Der Hofkeller befand sich im Leopoldinischen Trakt und verfügte 1918 über 35 Hektoliter Tokajer, 14 Hektoliter ungarischen Schillerwein, 362 Hektoliter ungarischen Wein, 70 Hektoliter Rheinwein, 29 000 Flaschen verschiedener Weingüter, 6300 Flaschen Champagner und 9500 Flaschen Kognak, Liköre und Rum.

[70] Silberner Weinkühler aus dem sogenannten Wappenservice. Wandung mit graviertem österreichischen Wappen mit Erzherzogskrone, Mayerhofer & Klinkosch, 1832. Der Weinkühler gehört zum Silberservice der Erzherzogin Sophie und wurde von der kaiserlichen Familie für private Diners verwendet.

71 Unter Franz Joseph folgten selbst die Familiendiners einem strengen Zeremoniell. Zu den allerhöchsten Familiendiners waren alle in Wien anwesenden Familienmitglieder geladen – auch jene Verwandte, die der Kaiser nicht schätzte, weshalb die Stimmung eher gezwungen war. So schrieb die Hofdame Therese Fürstenberg in einem Brief: »Du hast übrigens keine Idee, wie langweilig und ungemüthlich so ein ah. [allerhöchster] Familienkreis ist; und doch sollte man glauben es müßte ihnen wohlthun unter sich zu sein; aber da sitzen sie nach dem Rang und reden nach dem Rang oder vielmehr reden nicht, langweilen sich gegenseitig und sind froh wenn die Zusammenkunft aus ist.«[30] Nach Elisabeths Tod verschärfte sich die Situation. Ketterl berichtet: »Da der Kaiser die wenigsten seiner Ver-

[71] Deckelterrine mit Untersatz aus dem kaiserlichen »Service mit dem durchbrochenen Goldrand«, Porzellan mit Golddekor und buntem kaiserlichen Doppeladler, um 1900

Das Personal der Hofküche beim Gläserauspacken nach einer Hofreise, Zeichnung von Theo Zasche, um 1908

wandten mochte und das Verhalten vieler mit vollem Recht für höchst unkorrekt hielt, eigentlich aber nichts Rechtes dagegen machen konnte, wollte er manche überhaupt nicht sehen, andere wieder möglichst selten, und so versickerte allmählich die Sitte der Familiendiners ganz.«[31]

72 Da der Kaiser ein ausgesprochener Frühaufsteher war, ging er auch dementsprechend früh schlafen – normalerweise gegen neun Uhr abends. Daher war das Abendessen im Familienkreis bereits zwischen fünf und sechs Uhr angesetzt. Bei offiziellen Diners wurde französische Küche serviert, speiste der Kaiser im Familienkreis oder alleine, bevorzugte er Wiener Küche. Er liebte Spargel, der bei keinem Diner fehlen durfte, sowie Krebse, die einfach abgesotten in der Schale, die zuvor leicht gelockert worden war, um leicht entfernt werden zu können, serviert wurden. Seine Lieblingsspeise war gekochtes Rindfleisch – meist Tafelspitz –, das so mürbe sein musste, dass man es mit der Gabel zerteilen konnte. Während Kaiserin Elisabeth Sorbet als Dessert bevorzugte, liebte es der Kaiser mit Kaiserschmarren und Somlauer Nockerln üppiger. Vor dem Schlafengehen nahm der Kaiser noch ein Glas Saure Milch und ein Stück Schwarzbrot zu sich.

[72] Menükarten für das Déjeuner am 1. Juni 1909, das Weihnachtsdiner 1913 sowie das Diner am 13. Februar 1914

Menu vom 1. Juni 1909

Potage creme d'orge-Olio (Gerstenschleimsuppe bzw. Oliosuppe). Vol-au-vent d'œufs à la Mantua (Blätterteigpastete). Rond de Veau jardinière (Kalbsmedaillon mit Gemüse). Bœuf en Daube (Geschmortes Rindfleisch). Salade de riz (Reissalat). Asperges sauce Mousseline (Spargel mit Sauce Mousseline (mit Schlagobers verfeinerte Sauce Hollandaise). Kaiserschmar(r)n. Compote. Coupe aux Peches (Pfirsich Coupe). Gaufres (Waffeln). Dessert.

—

Menu vom 24. Dezember 1913

Portage Parmentier (Kartoffelpureesuppe). Guiches au parmesan (Mürbteig mit Gemüse und Parmesan gefüllt). »Reinanken« fumés aux œufs (Geräucherte Reinanken mit Eiern). Pain perdu aux épinards (Pofesen mit Spinat). Asperges en branches (Spargel). Scampi à la mayonnaise, salade (Crevetten mit Mayonnaise, Salat). Beignets de riz en surprise (Reiskrapfen mit Fülle). Patisserie de fromage (Käsegebäck). Glaces aux groseilles et crème à la Gisela (Ribiseleis und Giselacreme). Dessert.

—

Menu vom 13. Februar 1914

Huitres d'Ostende (Austern). Potage Rachel (Champignoncremesuppe). Petits soufflés à la parisienne. Médaillons de turbot Demidoff (Steinbuttmedaillons). Pièce de bœuf et filet de veau (Rinds- und Kalbsfilet). Zéphyr de volaille à la d'Orléans. Faisans rotis, salade, compote (Gebratener Fasan, Salat, Kompott). Asperges en branches (Spargel). Parfait à la princesse. Patisserie de fromage (süßes Gebäck und Käse). Glaces variées (Verschiedene Eissorten). Dessert.

[73] Hofdejeunerzuckerl und Hoftafelbonbonnieren, um 1900

73 Bei offiziellen Diners wurden gleichzeitig mit dem Dessert die beliebten sogenannten »Hofdejeunerzuckerl« oder »Hoftafelbonbonnieren« verteilt – kleine Bonbondosen, die mit Porträts der kaiserlichen Familie geschmückt waren oder Miniaturkopfbedeckungen der k. u. k. Armee darstellten.

74 Die Hofküche lag im Erdgeschoß des Schweizertraktes der Hofburg und damit sowohl wegen der Brandgefahr als auch wegen der Geruchsbelästigung ganz bewusst weit von den Wohnräumen entfernt. Damit die Speisen trotzdem immer frisch und vor allem warm serviert werden konnten, wurden sie in beheizten Wärmekisten in die jeweiligen Appartements transportiert und in angrenzenden Anrichteräumen mit Kohle-, später auch mit Gasrechauds warm gehalten. Die Hofküche bestand aus zwölf Abteilungen – von der Pastetenküche über die große Küche mit ihren Bratspießanlagen bis hin

[74] In der Hofküche, Zeichnung Theo Zasche, 1908

zur Patisserie, die jede in einem saalähnlichen Raum untergebracht waren. Für den kleinen Hunger zwischendurch hatten die meisten Mitglieder noch eine eigene »Separatküche« in ihrem Appartement, wo sie auch über die Speisenabfolge entscheiden konnten. Noch im Jahr 1918 zählte die Hofküche 93 Bedienstete, die für die rund 2000 Personen, die am Wiener Hof lebten und arbeiteten, kochten.

[74] Dreibeintöpfe, Pastetenringe, Kupfertrichter aus der k. u. k. Hofküche

[75] Tafeltuch und persönliche Servietten Kaiser Franz Josephs aus der Hofwäschekammer, Leinendamast mit rot gestickter Kaiserkrone bzw. Monogramm »FJI«, um 1900

[75] In der Hofwäschkammer der Wiener Hofburg, Zeichnung von Theo Zasche, 1908

75 Die Hofwäschekammer befand sich im Erdgeschoß des Reichskanzleitraktes. Dort wurden auch die Tafeltücher aus Leinendamast mit eingewebtem kaiserlichen Doppeladler im Zentrum und gestickter Kaiserkrone aufbewahrt. Wäschestücke, die vom Kaiser benutzt wurden, hatten die Krone in Rot gestickt, seine ganz persönlichen Wäschestücke, wie etwa seine Servietten, waren zusätzlich mit seinem ebenfalls in Rot gestickten Monogramm »FJI« versehen. Der Tradition des Wiener Hofes entsprechend wurden die Servietten in einer ganz speziellen Form »gebrochen«, also gefaltet. Die Falttechnik der »Kaiserserviette« ist ein bis heute streng gehütetes Geheimnis, das nur mündlich weitergegeben wird. Nur bei den Galadiners des Bundespräsidenten darf sie heute noch verwendet werden.

76 Dieses prunkvolle Porzellanservice, das zu den bedeutendsten Garnituren des 19. Jahrhunderts zählt, gehörte ursprünglich Kaiser Ferdinand I. Nach seinem Tod erbte Kaiser Franz Joseph das Service und ließ es als Geschenk für seine Gemahlin Kaiserin Elisabeth umarbeiten. Dafür ließ er das kaiserliche Wappen anbringen und die Deckel mit dem Lieblingssymbol der Kaiserin – einem Delphin – bekrönen. Die Kaiserin verwendete das Service in ihrem privaten Wiener »Refugium«, der Hermesvilla im Lainzer Tiergarten, das ihr der Kaiser errichten ließ. Elisabeth verbrachte hier jedes Jahr ein paar Wochen von Mai bis Juni im Kreise ihrer Familie. Auch nach den Hochzeiten ihrer Töchter Gisela und Marie Valerie blieb die Tradition dieser rein privaten Familientreffen abseits des Wiener Hofes aufrecht.

[76] Weiß-goldenes Service, 60-teiliges Tee-, Kaffee- und Mokkaservice, Porzellan mit reliefiertem goldgeränderten Dekor, alle Teile mit goldenem plastischen kaiserlichen Doppeladlerwappen, bestehend aus: großer Teekanne, kleiner Teekanne, Kaffeekanne, großer Milchkanne, 2 Oberskännchen, 6 Teetassen mit Untertassen, 6 Kaffeetassen mit Untertassen, 6 Mokkatassen mit Untertassen, 12 Desserttellern, 6 Eierbechern; Teekanne und große Milchkanne mit Steckdeckeln mit plastischer Delphinbekrönung, Gräflich Thun'sche Porzellanfabrik, Klösterle Böhmen, 1851/1858 (rechts)

Kaiser Franz Joseph beim Frühstück mit Kaiserin Elisabeth, Zeichnung von Theo Zasche, 1908

Kaisermanöver

[77] Aus der 63-teiligen Fotoserie des Kaisermanövers in Veszprém 1908

77 Bis zu seinem achtzigsten Lebensjahr nahm Franz Joseph an den großen Manövern der österreichisch-ungarischen Armee teil, die zur Schulung der Truppenführer und zur kriegsmäßigen Ausbildung der Truppen stattfanden. Im Gegensatz zu den Truppenübungen, die in kleinerem Rahmen das ganze Jahr über stattfanden, wurden die großen Manöver stets im Herbst abgehalten, wenn die Felder abgeerntet waren. Während der großen Herbstmanöver 1908 im Raum von Veszprém in Ungarn, die auch die letzten Manöver waren, die der Kaiser gemeinsam mit seinem Thronfolger Erzherzog Franz Ferdinand abhielt, entstand diese Fotoserie, die einen ausführlichen Eindruck von den Manövern vermittelt.

Als »Allerhöchstes Hoflager« diente meist ein nahe gelegener Adelssitz, doch auch die Soldaten kamen nicht zu kurz – vor allem in kulinarischer Hinsicht. Im Unterschied zu den Manövern der preußischen Armee, bei deren Übungen es zum Unmut des Kaisers nur Suppe gab – eine, wie Ketterl es formuliert, »undefinierbare scheußliche Brühe mit altem total ausgekochtem Kuhfleisch«[32] –, zeichneten sich die österreichischen durch Reichhaltigkeit und Großzügigkeit aus. Es gab Rindfleisch sowie Kalbs- oder Schweinsbraten, Schinkenfleckerl, Dukatennudeln, Obst, Kaffee sowie Rot-, Weißwein und Bier nach Belieben.

[77] Kaiser Franz Joseph zu Pferd mit seinem Stab,
Gouache von Ludwig Koch, 1908

[78] Porträt Kaiser Franz Josephs mit Kaiser Wilhelm II. von Deutschland, beide in Uniform mit Ordensschmuck, Gemälde, um 1914

78 Neben den Mitgliedern der kaiserlichen Familie, die militärische Ränge einnahmen, war nicht selten auch der deutsche Bündnispartner, Kaiser Wilhelm II., zu Gast. Auch wenn Franz Joseph in alter Bündnistreue ausnahmslos zu Wilhelm II. stand, hegte er keine großen Sympathien für den deutschen Kaiser. Ihm missfiel sein demonstrativ autoritäres Auftreten und er nahm es ihm vor allem sehr übel, dass er es einmal wagte, als Gast der österreichischen Manöver coram publico die Infanterie scharf zu kritisieren und demonstrativ einen neuen Infanterieinspektor zu fordern – ausgerechnet jenes Amt, das Kronprinz Rudolf innehatte.

79 Während sich die Militärs nach den Übungen zur Ruhe begaben, zog sich Franz Joseph zurück, um die ihm aus Wien nachgeschickten Akten zu bearbeiten. Außerdem hielt er auch hier an seiner Angewohnheit fest, seinen »beiden Frauen« – sowohl Kaiserin Elisabeth als auch Katharina Schratt – seinen täglichen Brief zu schreiben, wenn sie sich nicht sahen. Dabei berichtete er beiden Damen, die ja befreundet waren, auch jeweils über die Neuigkeiten der anderen. So schrieb Franz Joseph von den Manövern in Totis im September 1897 an Elisabeth: »Nach dem Manöver und nach Beendigung meiner Arbeiten, heute in Eile nur wenige Zeilen, um Dir zu sagen, daß es mir gut geht, wenngleich ich etwas müde bin ... Die ersten Tage waren hier ganz gemütlich und das Cavallerie Manöver vorgestern fiel gut aus. Seit Kaiser Wilhelm gestern hier eingetroffen ist, ist es mühsamer geworden, die Mahlzeiten sind steifer, obwohl der Kaiser sehr gut aufgelegt und gesprächig ist ... Von der Freundin [Katharina Schratt] erhielt ich vorgestern ein Telegramm aus Windisch Matrei mit der Nachricht, daß sie dort gut angekommen ist und am selben Tage, trotz schlechten Wetters, ins Matreier Tauernhaus gehen wolle. Seitdem weis ich nichts von ihr und ängstige mich, da man immer von Schneefällen in den Bergen hört ... In Liebe und unendlicher Sehnsucht umarmt Dich Dein Kl[einer].«[33]

An Katharina Schratt hatte er zwei Tage zuvor geschrieben: »Ihr Brief hat meine graue Stimmung in eine schwarze verwandelt, denn das Reise- und Kraxel-Programm, welches Sie sich vorgenommen haben, dauert länger, als Sie ursprünglich beabsichtigten, trotzdem sind die

[79] Kaiser Franz Joseph, Porträtfotografie mit eigenhändiger Unterschrift, um 1914

1916 FROMMES BLATTKALENDER 1916
JULI
AUGUST
SEPTEMBER
OKTOBER
NOVEMBER
DEZEMBER

[79] Persönliche Reiseschreibgarnitur, sogenanntes »Feldschreibzeug«, des Kaisers, lederbezogene Kassette mit Silberbeschlägen und Stofffutteral. Schreibzeug bestehend aus zwei Tintenbehältern, Tintenpulverbehälter mit Löffel, Federkiel, Bleistift, Radiergummi, Behälter mit diversen Ersatzfedern, Blattkalender; Scharnierdeckel mit silbernem Medaillon mit graviertem Monogramm »FJI« mit Kaiserkrone, silberner Tintenpatronenbehälter mit graviertem Namenszug, k. u. k. Hoflieferanten M. Würzl und Söhne, um 1900

Tagesleistungen viel zu anstrengende und dann wollen Sie wieder die Adlersruhe mit der nahen, so gefährlichen Glocknerspitze besuchen und da ich leider aus Erfahrung weis, daß ich mich nicht immer auf Ihre Versprechungen verlassen kann, so bin ich voller Angst. Dieselbe steigerte sich noch, als ich in der Zeitung las, daß eben jetzt auf dem Hochschwab ein Herr im Schneesturm ganz verloren ging und ein anderer auf dem Venediger aus Erschöpfung am Herzschlage augenblicklich tot war ... Sie können sich denken, was es für mich ist, so ganz von Ihnen abgeschnitten zu sein, ohne Möglichkeit einer telegraphischen Verbindung ... so bleibt mir nur übrig, in Gedanken an Sie, mich zu ängstigen und zu trauern. Daß Burckhardt [Burgtheaterdirektor Dr. Max Burckhard] Sie begleitet, obwohl ich Sie gebeten hatte, ihn nicht mitzunehmen, kann mich natürlich auch nicht freuen und macht mich namenlos eifersüchtig ...«[34]

80 Diese persönliche Manöveruhr, die der Kaiser stets auf seine Manöverreisen mitnahm und auf seinem Feldschreibtisch aufstellte, war nach dem Tod des Kaisers ein Geschenk seiner Töchter an seinen Generalmajor Albert Freiherr von Margutti. Marie Valerie schrieb: »Hochgeborener Freiherr! Im Sinne des Parag. des Testaments unseres in Gott ruhenden Vaters Seiner k. u. k. Apostolischen Majestät Kaiser und König Franz Joseph I. und in Kenntnis der grossen Verdienste Eurer Hochwolgeboren um den hohen Verblichenen haben wir uns bestimmt gefun-

[80] Persönliche Manöveruhr des Kaisers. Kugeluhr in originaler Holzkassette mit übergroßem Schweizer Ankerwerk, gravierter Kaiserkrone sowie Widmungsgravur: »Diese Uhr stand von 1892–1916 im AH. Persönlichen Gebrauch Seiner k. u. k. Apostolischen Majestät Kaiser Franz Joseph I. und wurde von AH. demselben dem Generalmajor Albert Freiherr von Margutti testamentarisch zugeeignet – 21. XI. 1916«

[81] Der Kaiser zu Pferd auf dem Manöverfeld,
Ölstudie auf Leinwand, Julius von Blaas

den, die von unserem teuren Vater bei den Manövern stets benützte Uhr in Kugelform Eurer Hochwolgeboren als Andenken zuzuweisen und verbleiben in steter Gewohnheit auch im Namen meiner Schwester der Prinzessin Gisela von Bayern, Wien, am 19. II. 1918 Erzherzogin Marie Valerie.«

81 Über Jahrzehnte hinweg glichen die großen Manöver beinahe Volksfesten – kam der Kaiser dabei doch auch in entlegene Gebiete der Monarchie, in denen der hohe Besuch natürlich für entsprechendes Aufsehen sorgte. Der Empfang des Kaisers wurde stets festlich gefeiert und Franz Joseph genoss die feierliche Stimmung. In den letzten Jahren flaute sein Interesse an den Manövern allerdings ab, da ihm die neue »Taktik« nicht mehr gefiel – man sah seiner Meinung nach zu wenig. Zwar wurde der »unterirdische Stellungskrieg« noch nicht geübt, doch der Schützengraben warf bereits seine Schatten voraus und der Kaiser klagte: »Man sieht nur das Debakel, aber kein Manövrieren!«[35]

[82] Persönlicher Campagne-Waffenrock Kaiser Franz Josephs

[83] Uniformunterhose Kaiser Franz Josephs, Leinen mit rot gesticktem Monogramm

82 Um sein soldatisches Selbstverständnis zu demonstrieren, trug der Kaiser sein Leben lang stets Uniform, zumeist die Campagne-Uniform. Dieser persönliche Campagne-Waffenrock zur allgemeinen oder deutschen Uniform der Generalität wurde 1916 von k. u. k. Hofschneider Anton Uzel für den Kaiser angefertigt. Er wurde aus feinem, hechtgrauem Tuch mit scharlachrotem Kragen und Ärmelaufschlägen mit den goldgestickten Distinktionen eines Feldmarschalls, vergoldeten und dessinierten Knöpfen mit dem Monogramm des Hofschneiders »A. U.« sowie dem Hinweis »1 A Qualität« hergestellt. Im Nackenbereich befindet sich das Schneideretikett »A. Uzel« mit dem Doppeladler des Hoflieferanten und der handschriftlichen Datierung »Februar 1916«. Die linke Brustseite verfügt noch über die seidenen Ordensschlaufen für die Großkreuzsterne des Militär-Maria-Theresien-Ordens, des St. Stephans-Ordens, des Leopold-Ordens und des Ordens der Eisernen Krone, darüber die Schlaufen für die kleinen Dekorationen, die der Kaiser trug. Zur Uniform wurde extra ein Schutzüberzug aus weißem Leinen für die Uniformengarderobe hergestellt, der ebenfalls erhalten ist.

83 Unter seinen Uniformen trug der Kaiser stets lange Leinenunterhosen, die mit rotem Monogramm und Krone bestickt waren. Die Unterhosen reichten bis zum Knöchel und wurden sowohl am Bund als auch an den Beinenden mit Bändern zusammengebunden. Die langen Unterhosen waren ein wichtiger Bestandteil der Alltagskleidung des Kaisers – einzige Ausnahme war die Jagd. Seiner Meinung nach durfte man zur Gamsledernen nur Wollstrümpfe tragen und musste die nackten Knie zeigen – der Kaiser verachtete geradezu Jäger bzw. Jagdgäste, die unter der Lederhose lange Unterhosen trugen.

Doch während die Wäsche der Kaiserin aus feinster Seide war, begnügte sich der Kaiser mit einfacher Baumwoll- und Leinenwäsche. Sein Kammerdiener Ketterl stellte bei Dienstantritt höchst erstaunt fest: »Die Wäsche war aus einfachem Kattun hergestellt und hätte einem Vergleich mit meiner nicht standhalten können …«[36] Ketterl bestand darauf, die steifen »Beinkleider« zumindest ausbügeln zu dürfen – eine Vorgehensweise, die bis dahin bei Hof völlig unbekannt war.

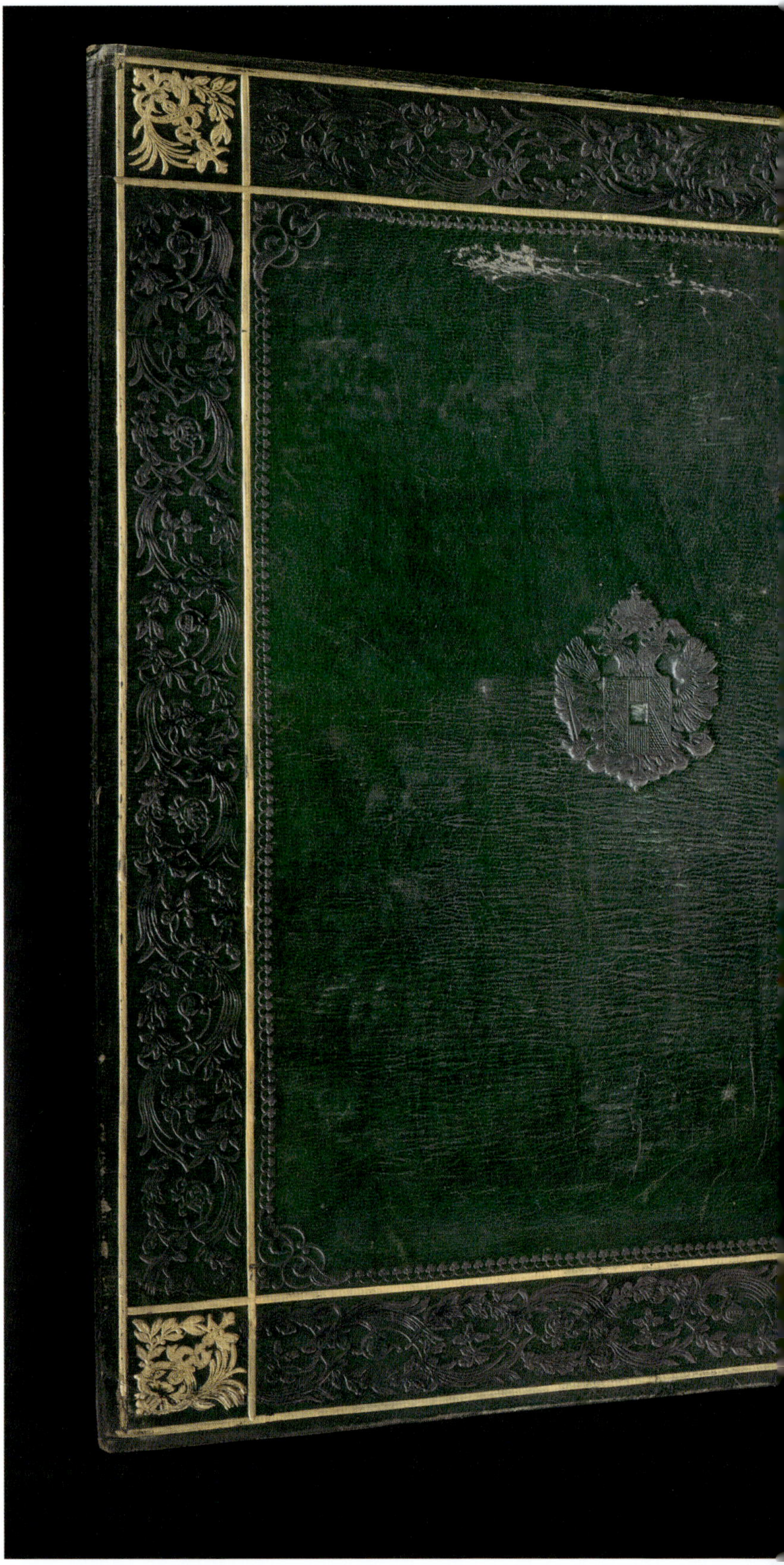

[84] Inventar der Militärgarderobe des Kaisers. Größtenteils handschriftliche Anführung der österreichischen Uniformen sowie der ausländischen Uniformen, weiters der Wäsche, Pretiosen, Zivilkleidung sowie der ausländischen Dekorationen, teils zeichnerische Darstellung der Uniformröcke mit Beschreibung der korrekten Adjustierung. Grüner Maroquin-Ledereinband mit Goldprägung

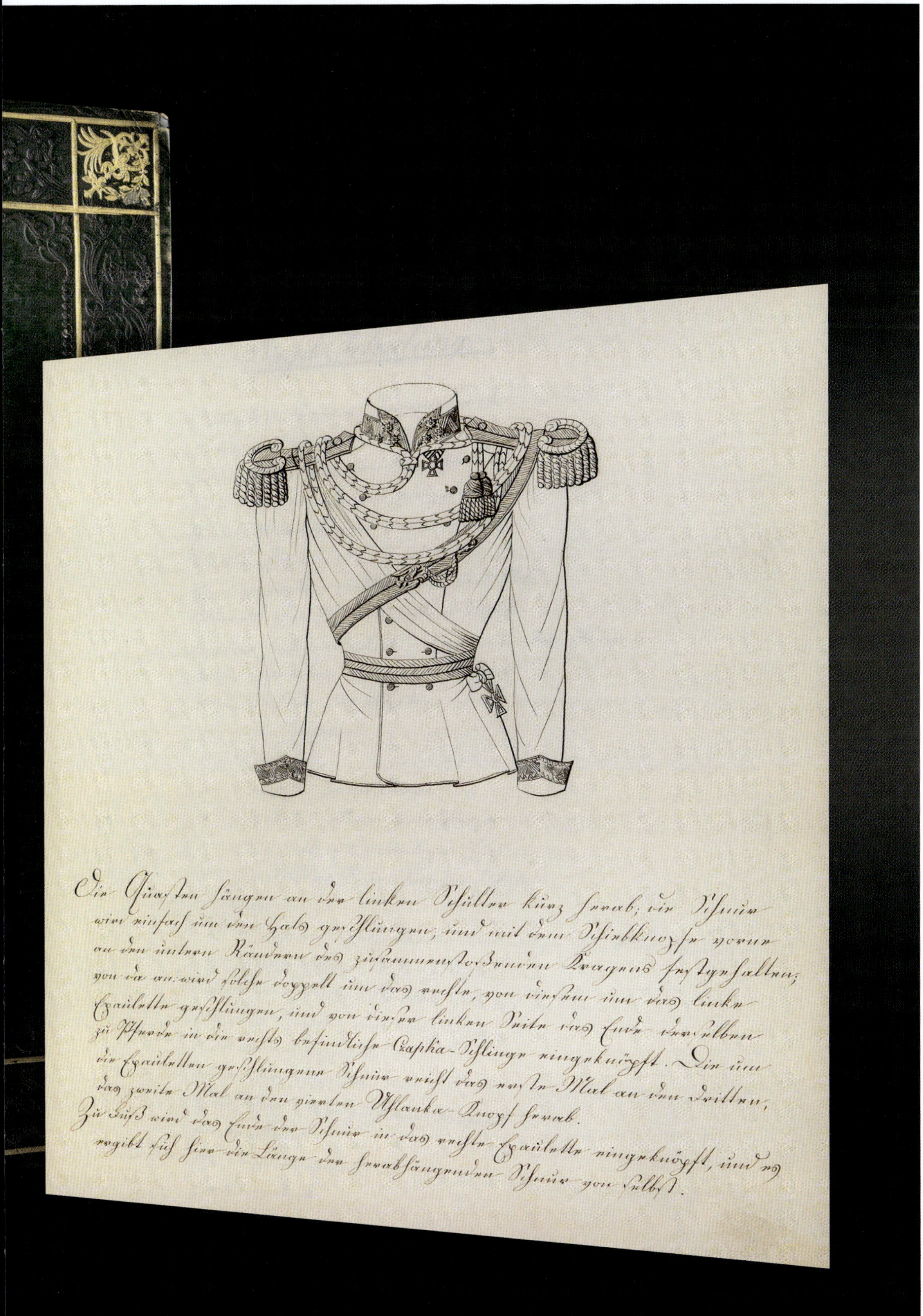

Die Quasten hängen an der linken Schulter kurz herab; die Schnur
wird einfach um den Hals geschlungen, und mit dem Schiebknopfe vorne
an den untern Rändern des zusammenstoßenden Kragens festgehalten;
von da an wird solche doppelt um das rechte, von diesem um das linke
Epaulette geschlungen, und von dieser linken Seite das Ende derselben
zu Pferde in die rechts befindliche Czapka-Schlinge eingeknöpft. Die um
die Epauletten geschlungene Schnur reicht das erste Mal an den dritten,
das zweite Mal an den vierten Ulanka-Knopf herab.
Zu Fuß wird das Ende der Schnur in das rechte Epaulette eingeknöpft, und es
ergibt sich hier die Länge der herabhängenden Schnur von selbst.

84 Das Inventar der Militärgarderobe erinnert daran, dass Kaiser Franz Joseph ausschließlich und stets Uniform trug. Während jedoch die österreichischen und ungarischen Uniformen – die er täglich trug – in der Minderheit waren und immer wieder ausgebessert wurden, bevor ein neues Stück angeschafft wurde, nahmen die ausländischen Uniformen nicht nur den Großteil seiner Garderobe ein, sondern waren auch die prächtigsten. Dies erklärt sich aus dem simplen Umstand, dass Franz Joseph ausländische Besucher stets in ihrer Paradeuniform empfing und sie ihm die entsprechenden prachtvollen Ausführungen gern als Gastgeschenk mitbrachten.

Bezeichnend für Franz Joseph ist auch die Tatsache, dass hinsichtlich seiner Zivilgarderobe, die er ausschließlich bei privaten Aufenthalten im Ausland trug, »trostlose Zustände« herrschten. Ketterl beschreibt die Garderobe des Kaisers von Österreich als geradezu armselig: »Wer sich etwa vorstellen sollte, daß der reiche, mächtige Kaiser von Österreich Wäsche und Schuhe sonder Zahl und in exquisiter Ausführung sein eigen nannte, irrt gewaltig. Insbesondere die Garderobe des ›Grafen von Hohenembs‹ – diesen Namen führte der Kaiser, wenn er inkognito reiste – war mehr als dürftig; außer dem Jagdkostüm, einem schon bedenklich unmodernen Frack und einem Salonrock, der auch schon halb der Geschichte angehörte, gab es kaum zwei brauchbare Sakkoanzüge.«[37] Daher ist es auch nicht verwunderlich, dass der Kaiser, der ganz genau und bis ins Detail wusste, welche Kappe oder welcher Helm zu jeder seiner unzähligen Uniformen passte, keine Ahnung hatte, wie er zivile Garderobe kombinieren sollte, und bedenkenlos zu einem grünen Sakko eine blaue Krawatte getragen hätte.

Jagdleidenschaft

[85] Fotografie des Kaisers mit erlegtem kapitalen Hirschen mit eigenhändiger Unterschrift »Franz Joseph«

85 Franz Joseph ging ausschließlich »standesgemäß« in der Tracht der steirischen Hochwildjäger auf die Jagd. Diese bestand aus einem grauen Filzhut mit Gamsbart oder Birkhahnstoß, einer grauen Lodenjoppe mit grünem Stehkragen, Umhängschnur und grüner Weste, einer kurzen Gamsledernen, die möglichst abgetragen sein musste, grauen Wollstrümpfen und genagelten Goiserern, die ebenfalls abgetragen sein mussten. Lange Unterhosen verachtete er ebenso wie »geckenhaft aussehende« neue Lederhosen oder Schuhe. Als einmal ein Jagdgast mit funkelnagelneuen, hellen Schuhen zur Jagd erschien, bemerkte der Kaiser spöttisch: »Sie haben aber schöne, gelbe Schuhe an!«[38] Damit ihm Ähnliches nicht selbst passierte, wehrte er sich jahrelang standhaft, neue Stücke anzuschaffen, und war es unvermeidlich, mussten die Lederhosen so lange über Treppenhäuser geschleift und auf alle erdenkliche Arten bearbeitet werden, bis sie abgewetzt, speckig und getragen aussahen.

[85] Kaiser Franz Joseph im Kreise seiner Jäger mit einem in Mitterweißenbach bei Bad Ischl erlegten kapitalen Zwölfender am 24. August 1912

86 Der Kaiser besaß vor allem in der Steiermark zahlreiche Jagdschlösser und Reviere mit großem Wildbestand. Neben Ischl, Goisern und weiteren Jagdgebieten im Salzkammergut kam er gern nach Eisenerz, Mürzsteg und Neuberg zur Jagd. Auch Gödöllö war ein beliebtes Jagdrevier des Kaisers, wo er vor allem Schnepfen, Hirsche und Wildschweine jagte.

Bereits am Vortag vor jeder Jagd hatte der jeweilige Jagdleiter dem Kaiser die Jagdskizzen mit den verteilten Ständen vorzulegen, von denen sein liebster Jagdbegleiter Prinz Leopold von Bayern meistens den besten erhielt. Die übrigen Stände waren je nach Hierarchie bzw. Beliebtheit verteilt.

[86] Pläne und Übersichtskarten des »Allerhöchsten Jagdgebietes«, teilweise mit handschriftlichen Anmerkungen

Der Kaiser beim Jagdfrühstück mit seinem Generaladjutanten Graf Paar, seinem Obersthofmeister Prinz Liechtenstein sowie seinen Jagdgästen Prinz Leopold von Bayern und Ferdinand von Toskana, Heliogravüre von Wilhelm Gause, um 1908

87 Zur Ausstattung der Jagdhäuser gehörte das traditionelle »Krickerlservice« – Porzellan, das mit imitiertem Krickerldekor verziert war. Die böhmische Porzellanmanufaktur Thun-Klösterle hatte sich in den 1860er-Jahren auf diese Porzellandekoration spezialisiert und für alle Jagdhäuser der kaiserlichen Familie Speiseservices angefertigt. Denn ein zünftiger Jagdimbiss gehörte natürlich zur Jagd dazu. Der Kaiser liebte dafür deftige Hausmannskost wie Geselchtes mit Knödeln oder Blutwurst mit Sauerkraut. Äpfel, Speck und eine Flasche Sliwowitz durften auch nicht fehlen.

[87] Kaiser Franz Joseph im Jagdkostüm, Aquarell von Ludwig Koch, 1911 (oben)
Teile aus dem Krickerlservice der kaiserlichen Jagdhäuser, Porzellan, reliefierte Oberfläche das Geweih eines Hirschen nachempfindend (»Krickerldekor«), Porzellanmanufaktur Thun Klösterle, Böhmen um 1857/58

[88] Der Kaiser auf der Pirsch in Eisenerz, Heliogravüre von Wilhelm Gause, um 1908 (oben); lederne Jagdtasche des Kaisers mit aufgelegtem Monogramm »FJI«, um 1900 (unten)

88 Franz Joseph bestand als echter Waidmann bis ins hohe Alter darauf, nicht nur selbst auf die Pirsch zu gehen, sondern auch seine Ausrüstung – vor allem sein Gewehr – selbst zu tragen. Ein zweites hielt der Leibjäger stets zur Verfügung. Dem Kaiser ging es bei der Jagd nicht um die Anzahl des erlegten Wildes – auch wenn er sich natürlich über eine erfolgreiche Jagd freute und sich sehr ärgern konnte, wenn er einen kapitalen Hirschen verfehlt hatte. Dennoch war für ihn die Jagd die beste bzw. einzige Möglichkeit abzuschalten und sich zu entspannen. Daher liebte er auch die oft stundenlangen Aufstiege zu den Hochständen, das lange Ansitzen, bei dem absolutes Schweigen geboten war, und den damit verbundenen entspannenden Aufenthalt in freier Natur.

89 Franz Joseph war im Unterschied zu vielen Zeitgenossen ein echter »Gentlemanjäger«, wie es Ketterl bezeichnet, und empfand die Jagd nicht nur als Zeitvertreib und Vergnügen, sondern als von ethischen Grundsätzen getragenes Waidwerk. So verachtete er Jäger, die – wie etwa sein Neffe, Thronfolger Franz Ferdinand – nur Wert darauf legten, viel und alles möglichst bequem zu schießen. So ließ sich Franz Ferdinand Gemsen durch Hunderte von Treibern von den Bergen ins Tal heruntertreiben, was Franz Joseph niemals eingefallen wäre. Bis heute existieren in der Wachau rund um Franz Ferdinands Schloss Artstetten extra für ihn angelegte Jagdstraßen, damit er bei der Hochwildjagd die Stände bequem mit dem Auto erreichen konnte, während der Kaiser noch vor Tagesanbruch auf die Pirsch und Ansitzen ging und bis ins hohe Alter darauf bestand, auch die entlegensten Hochstände zu Fuß zu erreichen.

Leibkammerdiener Raimund Zrunek in der Gewehrkammer des Kaisers, Zeichnung von Theo Zasche, um 1908

[89] »Ausweis über das erlegte Wild in den Revieren des Allerhöchsten Leibgeheges Gödöllö vom 1. Februar 1902–31. Jänner 1903«

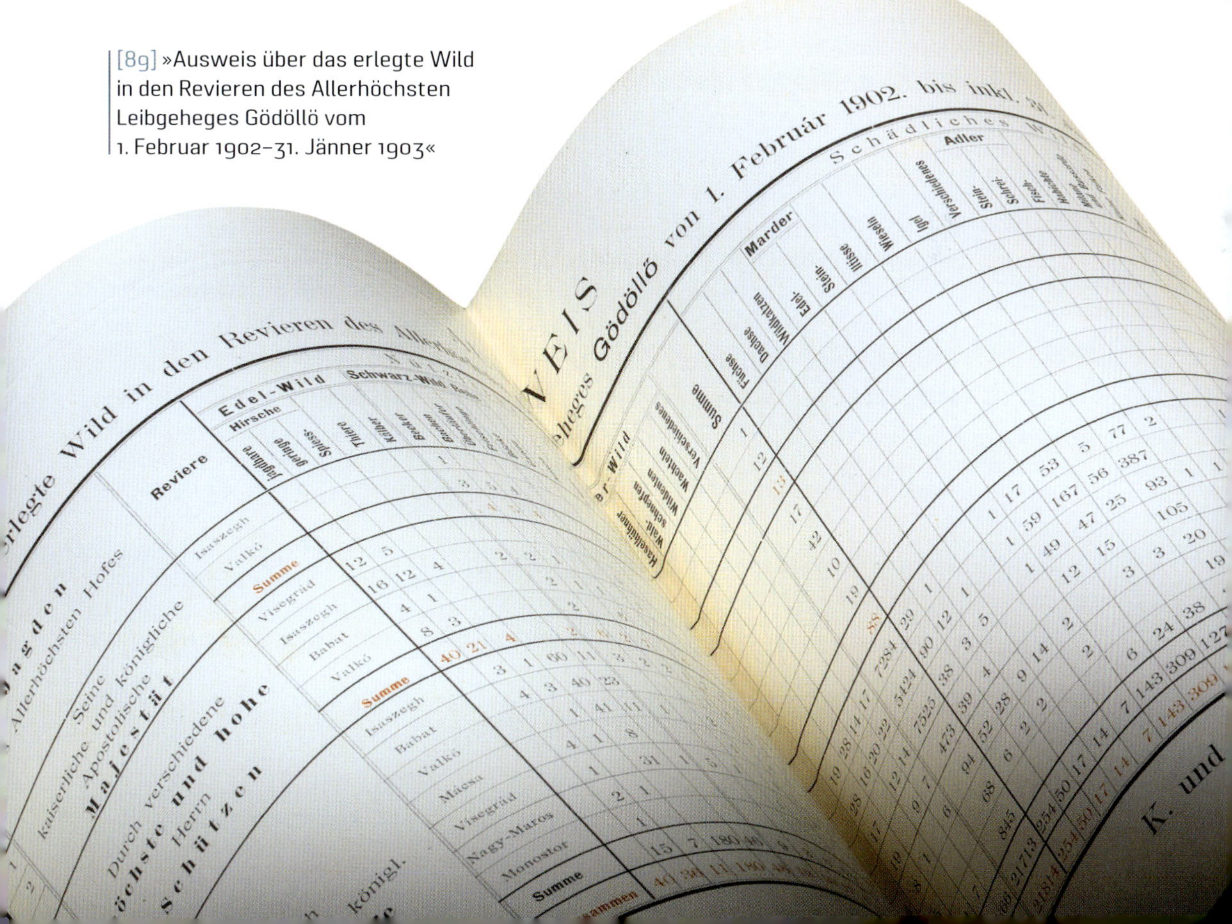

Während der Kaiser in frühen Jahren Hoch- und Niederwild jagte, schoss er im Alter nur noch Hochwild und Auerhähne. Dazu benützte er in frühen Jahren einläufige, bis zur Mündung holzgeschäftete, kleinkalibrige Kipplaufbüchsen (Lancastersystem), sogenannte Ischler Stutzen ohne Repetiervorrichtung aus der Werkstatt der Büchsenmacher Springer in Wien und Wolfgang Leithner in Bad Ischl. Später zog er die 7 mm-Lancaster-Doppelbüchse mit Stahlmantelgeschoß vor. Ungern verwendete er Fernrohrgewehre und versuchte im Alter, die Sicht mit einer extra für die Jagd gefertigten Hornbrille zu verbessern – was allerdings nur mäßig gelang. Über eine Jagd mit seinem Schwiegersohn Leopold von Bayern berichtete er Katharina Schratt: »... bereits um vier Uhr fuhr ich mit ihm auf die Pirsche, bei welcher er zwei Hirsche erlegte ... während ich deren zwei fehlte, was ich meinem Alter, den schwachen Augen und vor Allem den Brillen zuschreibe, mit denen ich immer zu tief schieße.«[39]

90 Eine Einladung zur Hofjagd war eine besondere Auszeichnung und heiß begehrt. Auf der künstlerisch gestalteten Einladung aus vorgedruckten Karten aus feinstem Bütten waren Ort, Uhrzeit und Jagdgebiet angegeben. Traditionsgemäß begann die Jagd zu frühmorgendlicher Stunde – weshalb der Aufbruch meist noch mitten in der Nacht erfolgte. Ein Jagdtag begann meist um 1.15 Uhr (!) – immerhin wurde den Jagdgästen eine Stärkung angeboten. Es gab Tee mit Rum, Brioches, Brot, Butter, Schinken, kalten Braten, harte Eier, Gugelhupf und Kipferl. Um zwei Uhr früh erfolgte der Aufbruch zur Jagd mit den Hofequipagen, da der Trieb für 4.30 Uhr festgelegt war. Meist waren beschwerliche Aufstiege im Gebirge zu bewältigen, da vor allem bei der Hochwildjagd die Anstände hochgelegen und schwer erreichbar waren. Die Gäste waren dabei immer beeindruckt von der beachtlichen Kondition des Kaisers, wie Ketterl schildert: »Bei Treiben währte der Anstieg zu den hochgelegenen Ständen oft ein- bis an-

[90] Zwei Einladungen zur k. k. Hofjagd, eine mit verschiedenen Wilddarstellungen, eine mit lithographierter Karte des Salzkammerguts und Darstellung verschiedener Jagdhäuser, um 1900

EINLADUNG
zur k.k.
Hof-Jagd
am
18
auf
für
Abfahrt
Versammlungs Ort
um
Uhr
Die P.T. Herren Schützen werden ersucht, sich während der Jagd von ihren Ständen nicht zu entfernen.

Neukirchen
KAMMER oder A
TRAUN
Rothenstein
Traunkirchen
Wirth am Stein
Hoch Kogel
Grünau
Steinbach
Hoch
Lecken Gebirg
Höllen Gebirg
Gaisstock
Scherezer B.
Zwiesel B.
Ebensee
Roith
Brunkogel
Leonsberg
Sternberg
Mittag Kogel
Hohe Schroll
Ischl
Schneider W.H.

derthalb Stunden, und noch in seinen letzten Lebensjahren bewältigte der Kaiser solch beschwerlichen Aufstieg spielend.«[40] Am frühen Vormittag kam die Jagdgesellschaft retour und während sich die Jagdgäste nun zurückzogen und bis zum Abend schliefen, setzte sich der Kaiser nach einer kurzen Stärkung an seinen Schreibtisch und begann zu arbeiten.

Katharina Schratt

[91] Kaiser Franz Joseph bei einem Spaziergang mit Katharina Schratt in Ischl, Fotografie um 1900 (rechts); Haarlocke (links) sowie Porträtfotografie (oben) Katharina Schratts

91 Die 1853 geborene Katharina Schratt, eine Kaufmannstochter aus Baden bei Wien, begann ihre Karriere am Wiener Stadttheater, nahm dann Engagements in Berlin, St. Petersburg und Amerika an, bevor sie wieder nach Wien zurückkehrte. 1879 heiratete sie den ungarischen Baron Nikolaus Kiss von Ittebe, bekam einen Sohn, Toni, trennte sich jedoch schon bald von ihrem Mann, ohne sich von ihm scheiden zu lassen, und begann wieder als Schauspielerin zu arbeiten. 1883 wurde sie zur Hofschauspielerin am Burgtheater ernannt, wo sie auch dem Kaiser auffiel, der bald keine Vorstellung mehr versäumte, in der sie mitspielte. Erzherzog Leopold Salvator, der später aus dem Kaiserhaus austrat und unter dem Namen Leopold Wölfling ein bürgerliches Leben führte, erinnerte sich in seinen Memoiren, dass Franz Joseph in der Familie deshalb leicht spöttisch auch »Herr Schratt« genannt wurde.

Nachdem Kaiserin Elisabeth das persönliche Kennenlernen der beiden vermittelt hatte, entwickelte sich die Beziehung, die dreißig Jahre lang dauern sollte. Nach dem Tod des Kaisers zog sich die Schauspielerin aus der Öffentlichkeit zurück und lebte in ihrer Villa in Hietzing sowie ihrem Palais am Kärntner Ring. Katharina Schratt, die zeit ihres Lebens trotz vieler Angebote niemals über ihre Beziehung mit dem Kaiser sprach, starb 1940 im Alter von 86 Jahren und wurde auf dem Hietzinger Friedhof hinter dem Schönbrunner Schlosspark bestattet.

Kaiser Franz Joseph in der Inkognitologe des Wiener Burgtheaters, Zeichnung von Theo Zasche, 1908

[92] Brief Kaiser Franz Josephs an Katharina Schratt, Februar 1889

92 Dieser Brief des Kaisers an Katharina Schratt stellt eine Zäsur in ihrer Beziehung dar, wurde er doch wenige Tage nach dem Selbstmord des Kronprinzen Rudolf geschrieben – eine Zeit, in der sich die beiden näher kamen. Elisabeth war ihm in dieser Zeit keine Stütze. Wie dankbar Franz Joseph für die aufrichtige und tröstende Teilnahme »der Freundin« war, zeigt ein Brief vom 5. Februar 1889, in dem er Katharina Schratt schrieb: »Heute nur wenige Zeilen ... um Ihnen zu sagen, daß ich in meinem unsagbaren Schmerze, viel und mit den Gefühlen innigsten Dankes an Sie denke. Ihre treue Freundschaft und Ihre wohltuende, ruhige Theilnahme waren uns ein großer Trost in diesen letzten entsetzlichen Tagen ...« Die bis dahin gute Freundschaft scheint sich in dieser für Franz Joseph so schweren Zeit nicht nur emotional vertieft zu haben. So schrieb er ein Jahr nach der Katastrophe: »... könnte ich nur auch so schön schreiben und meinen Gefühlen den rechten Ausdruck geben, so aber kann ich meinen innigsten Dank nur in die Worte kleiden, die auch nur eine Wiederholung sind: daß ich Sie unendlich, ganz entsetzlich lieb habe. Wie kann ich Ihnen genug danken für die Güte und den Trost in dem traurigen

Jahre, das nun zu Ende ist. Die schweren Augenblicke, die Sie mit uns durchlebt haben sind ein unauflösliches Band fürs Leben und so lassen Sie mir der Zuversicht Ausdruck geben, daß unsere Freundschaft eine treue und feste bleiben wird.«[41]

93 Das bisherige Bild der Beziehung, das Katharina Schratt als die gute Seelenfreundin darstellt, die dem alten, gramgebeugten und einsamen Kaiser mit gemütlichen Plauderstunden, Gugelhupf und harmlosen Tratschgeschichten über die Wiener Gesellschaft und vor allem das Theaterleben ausschließlich versuchte seinen Alltag zu versüßen, entspricht jedoch keineswegs den Tatsachen.

Katharina Schratt war dem Kaiser im Laufe der Jahre immer wichtiger und damit immer mächtiger geworden. Diplomaten suchten ihre Gesellschaft und kamen zu Besuch, da sie wussten, dass dies »gern gesehen wird«. Sie wollten dem Kaiser damit auch zeigen, dass ihr Land seine Freundschaft zu der Schauspielerin nicht »missverstehe« und die »Ehre« der Schratt damit nicht verletzt sehe. Vor allem aber wussten sie natürlich um ihren Einfluss bei Franz Joseph.

[93] Neunteiliges Teeservice Katharina Schratts, bestehend aus Teekanne, Milchkännchen, Zuckerdose, sechs Teetassen mit Untertassen. Porzellan, farbiger Blumendekor, Goldrand, Manufaktur Utz Schneider, um 1910

[94] Wasserbarometer aus dem Schreibzimmer des Kaisers in der Wiener Hofburg, anhängend gesiegelte Visitenkarte des Leibkammerdieners mit Herkunftsbestätigung, 1916. Wandthermometer aus dem Schreibzimmer des Kaisers in der Wiener Hofburg. Milchglasskala in Réaumur, Holzrahmen tw. vergoldet, Rückseite mit Firmenetikett des k. u. k. Hof-Optikers Neuhöfer u. Sohn, um 1860, anhängend gesiegelte Visitenkarte des Leibkammerdieners Eugen Ketterl mit eigenhändiger Herkunftsbestätigung, 1916

94 Katharina Schratt nahm sich auch der primitiven Ausstattung der Wohnräume des Kaisers an, der in seiner Sparsamkeit keinerlei »Luxus« für sich in Anspruch nehmen wollte. So erinnert sich Ketterl, dass es nur mithilfe Katharina Schratts gelang, den Kaiser dazu zu bringen, einen Ventilator für sein Arbeitszimmer zu gestatten: »Das Arbeitszimmer des Kaisers lag nach Süden und war der Sonne voll ausgesetzt, so daß er im Zimmer sehr unter der drückenden Schwüle litt. Um nun etwas Kühle in dem Zimmer zu verbreiten, wäre ein Winderzeuger sehr zweckentsprechend gewesen, und als wir nun dem Kaiser so ein elektrisches ›Windradel‹ vorführten, meinte er nur: ›Sehr hübsch, wirklich äußerst praktisch. Der Apparat soll sofort für die Appartements der Kaiserin und der Erzherzogin Valerie angeschafft werden …‹ Als ich mir aber zu fragen gestattete: ›Und für Eure Majestät?‹, lehnte der Kaiser mit dem Worte ›Überflüssig‹ ab.« So wurde nun Katharina Schratt gebeten, es dem Kaiser zu schenken – »Lächelnd, und nur mit dem Finger drohend, nahm der Kaiser das Geschenk an.«[42]

[94] Persönlicher Handspiegel des Kaisers; aufklappbares Lederetui mit goldgeprägtem Aufdruck »Portrait de la personne que j'aime«, innen mit kleinem Spiegel versehen, dazu Visitenkarte des Leibkammerdieners Eugen Ketterl mit eigenhändiger Bestätigung der Herkunft, 1916

Katharina Schratt machte dem Kaiser aber nicht nur praktische, sondern auch liebevolle Geschenke, wie etwa getrocknete und gerahmte vierblättrige Kleeblätter, die er in seinem Schlafzimmer aufbewahrte. Sein Lieblingsgeschenk war jedoch dieser kleine aufklappbare Taschenspiegel, den er immer auf seinem Schreibtisch liegen hatte, auf dem vorne geschrieben stand: »Portrait de la personne que j'aime« (Porträt der Person, die ich liebe).

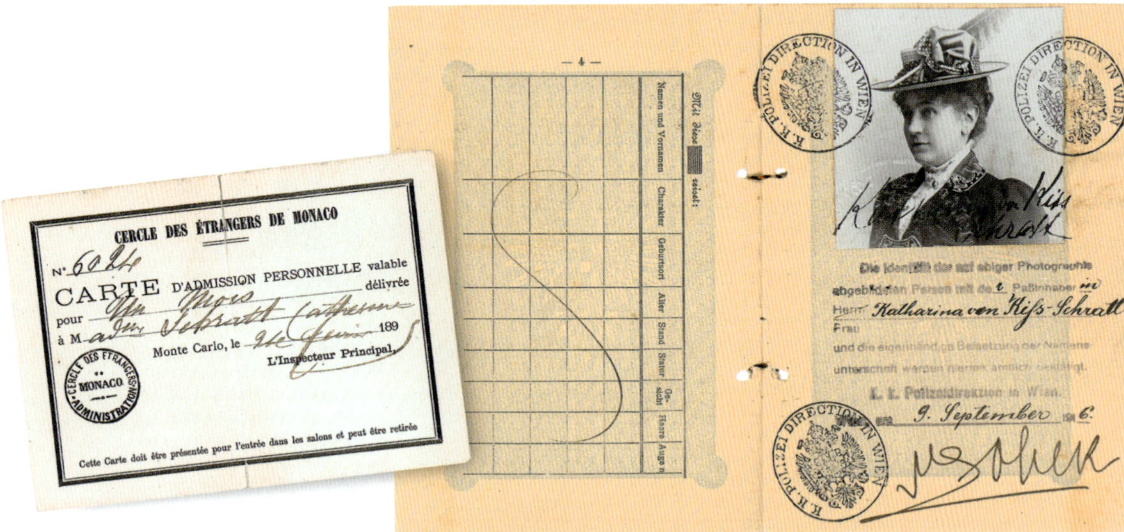

[95] Reisepass Katharina Schratts, ausgestellt 1916 für »Frau Katharina von Kiss-Schratt«, inseitig Fotografie sowie eigenhändige Unterschrift und Vermerk »gültig für Deutschland, Zweck: Kurgebrauch« sowie Aufenthaltserlaubnis Monte Carlos für Katharina Schratt

95 Franz Joseph war zwar, was seine Person betraf, völlig anspruchslos und sparsam, was jedoch die Finanzierung der kostspieligen Leidenschaften der »Freundin« anlangte, grenzenlos großzügig. So finanzierte er nicht nur den luxuriösen Lebensstil Katharina Schratts, sondern auch ihre Spielleidenschaft. Regelmäßig fuhr sie mit großer Entourage und ihren Tieren nach Monte Carlo, wo sie nicht nur mit ihrer Meerkatze »Gigi«, die an einer Leine ausgeführt wurde, für Aufsehen sorgte, sondern auch ob der Unsummen, die sie im Casino verspielte. Franz Joseph löste sie jedes Mal aus, ohne darüber auch nur ein Wort zu verlieren. Nur einmal konnte er sich eine Bemerkung nicht verkneifen. Als Katharina Schratt ihm von einem Ausschlag berichtete, den sie sicher aufgrund ihrer angegriffenen Nerven bekommen habe, da ihr die Verluste »in die Haut gefahren« seien, antwortete Franz Joseph: »Die medizinische Wissenschaft hat durch Ihre Krankheit offenbar eine neue Entdeckung gemacht, denn von einem durch Unglück im Spiele herbeigeführten Ausschlag habe ich nicht nie etwas gehört. Es sollte eine Warnung für Sie sein, künftig Monte Carlo zu meiden …«[43] Da der Kaiser parallel dazu auch die äußerst kostenintensive Reise-, Reitsport- und Bauleidenschaft seiner Gemahlin finanzierte, meint Ketterl dazu lapidar: »So waren denn die Kaiserin und Frau v. Schratt die zwei dunklen Fixsterne am pekuniären Horizonte des Kaisers.«[44]

96 Nach dem Tod des Kaisers zog sich Katharina Schratt weitgehend aus der Öffentlichkeit zurück, geriet mit der Zeit in Vergessenheit und trat nur mehr selten bei karitativen Veranstaltungen auf. Dagegen, dass sie nur Seelenverwandte und gute Freundin und nicht Geliebte war, spricht die Tatsache, dass sie zwar nicht direkt in seinem Testament bedacht war, es jedoch eine gesonderte Verfügung gab, laut der sie 2,5 Millionen Kronen – umgerechnet 11 Millionen Euro – erhielt.[45]

Am 17. April 1940 starb die einst so umschwärmte Schauspielerin im Alter von 86 Jahren vereinsamt in ihrem Palais am Kärntnerring – ohne jedoch, trotz vieler lukrativer Angebote, jemals über ihre Beziehung zum Kaiser gesprochen zu haben.

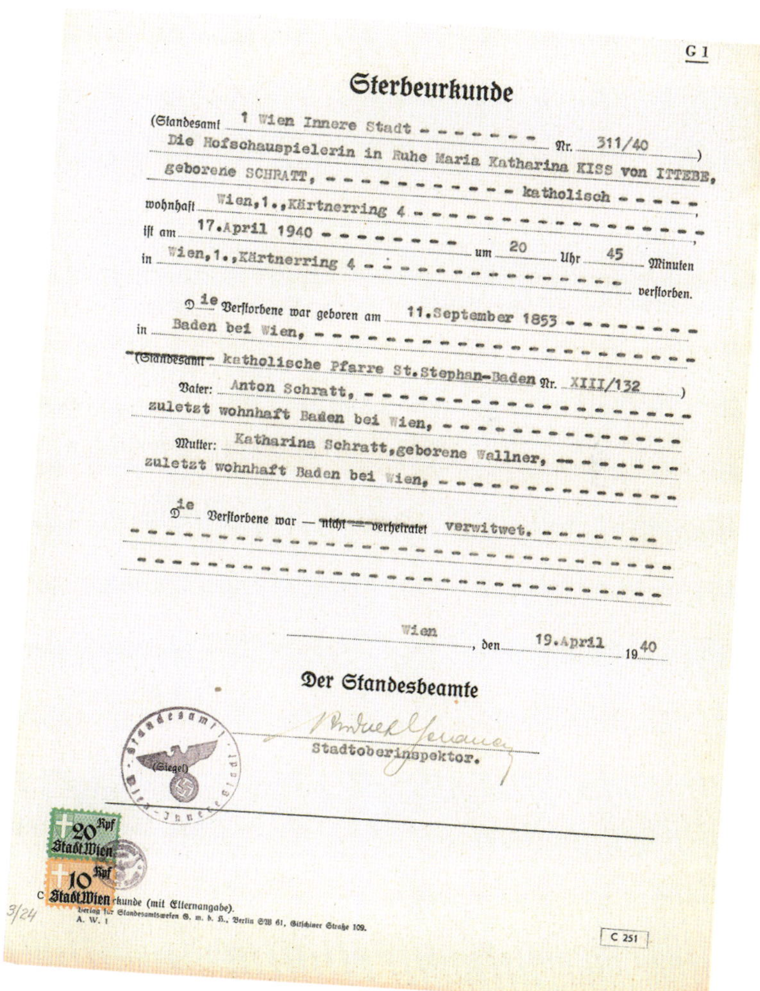

G 1

Sterbeurkunde

(Standesamt 1 Wien Innere Stadt - - - - - - - Nr. 311/40)

Die Hofschauspielerin in Ruhe Maria Katharina KISS von ITTEBE, geborene SCHRATT, - - - - - - - - - - katholisch - - - -,

wohnhaft Wien, 1., Kärtnerring 4 - - - - - - - - - - - - - - - -,

ist am 17. April 1940 - - - - - - - um 20 Uhr 45 Minuten

in Wien, 1., Kärtnerring 4 - - - - - - - - - - - - - - verstorben.

Die Verstorbene war geboren am 11. September 1853 - - - - - - -

in Baden bei Wien, -

~~(Standesamt~~ katholische Pfarre St. Stephan-Baden Nr. XIII/132)

Vater: Anton Schratt, - - - - - - - - - - - - - - - - - - -

zuletzt wohnhaft Baden bei Wien, - - - - - - - - - - - - -

Mutter: Katharina Schratt, geborene Wallner, - - - - - - -

zuletzt wohnhaft Baden bei Wien, - - - - - - - - - - - - -

Die Verstorbene war — ~~nicht — verheiratet~~ verwitwet. - - - - - - -

Wien, den 19. April 1940

Der Standesbeamte

(Siegel)

Stadtoberinspektor.

20 Rpf Stadt Wien

10 Rpf Stadt Wien

Sterbeurkunde (mit Elternangabe).

Verlag für Standesamtswesen G. m. b. H., Berlin SW 61, Gitschiner Straße 109.

A. W. 1

3/24

C 251

[96] Sterbeurkunde Katharina Schratts

Tod

[97] Porträt des alten Kaisers in Galauniform eines österreichischen Feldmarschalls, nach Oskar Brüch, 1914 (links)
Kaiser Franz Joseph in Feldmarschallsuniform, Gemälde um ... 1900 (rechts)

97 Im November 1916 verschlimmerte sich der Gesundheitszustand des Kaisers plötzlich dramatisch. Sein chronischer Husten, an dem er seit einiger Zeit gelitten hatte, führte schließlich zu einer Lungenentzündung. Franz Joseph war zum ersten Mal in seinem Leben ernsthaft krank. Als sich sein Zustand immer weiter verschlimmerte, griff Leibarzt Kerzl zu einer außergewöhnlichen Maßnahme: In den letzten Tagen wurden in die Verbindungstüre zwischen dem Dienstzimmer des Kammerdieners und dem kaiserlichen Schlafzimmer Gucklöcher gebohrt, da Franz Joseph sich weigerte, rund um die Uhr jemanden um sich zu haben. So konnten die Kammerdiener immer wieder nach dem Rechten sehen bzw. hörten besser, wenn etwas nicht in Ordnung war, ohne vor allem während der Nacht ins Zimmer gehen und den Kaiser dadurch aufwecken zu müssen. Außerdem wurde die Nachttischlampe auf den Boden gestellt, damit sie den Kaiser nicht blendete, dem Kammerdiener jedoch ermöglichte, seine Sichtkontrollen zu machen.

Correspondenzkarte
Kaiser Franz Joseph mit
Unterschrift des Kaisers

[98] Haarlocke Kaiser
Franz Josephs in Etui aus
dem Nachlass seines
Kammerdieners Eugen Ketterl

98 Am 21. November 1916 empfing Franz Joseph am Vormittag wie gewohnt mehrere Besuche und fühlte sich sogar besser als an den Tagen zuvor. Gegen Mittag verschlechterte sich sein Zustand jedoch rapide. Er musste seinen Schreibtisch verlassen und ruhte sich ein paar Stunden in seinem bequemen Lehnstuhl aus, bevor er sich um vier Uhr nochmals Akten bringen ließ und letzte Unterschriften gab. Nun ging es ihm zusehends schlechter, um sechs Uhr ließ er sich zu seinem Betstuhl bringen, wo er länger als gewöhnlich betete, da-

nach ging er zu Bett. Seinem Kammerdiener Ketterl gab er die Anweisung: »Ich bin mit meiner Arbeit nicht fertig geworden, morgen um ½ 4 Uhr wecken Sie mich wie gewöhnlich.«[46] Franz Joseph schlief ein, erwachte aber kurz darauf und verlangte zu trinken, was ihm aber nur mehr schlecht gelang. Sein Atem wurde immer kürzer, der herbeigeeilte Arzt verabreichte dem Kaiser eine Koffeininjektion, die die Herztätigkeit anregen sollte, die er jedoch kaum mehr wahrnahm. Um halb neun Uhr erhielt Franz Joseph im Beisein seiner Familie sowie seiner Adjutanten und des Kammerpersonals die letzte Ölung. Kurz darauf hörte der Kaiser auf zu atmen, und fünf Minuten nach neun Uhr wurde sein Tod festgestellt. Franz Joseph starb mit 86 Jahren nach 68-jähriger Regierungszeit. Er hatte die Monarchie zusammengehalten – sein Tod bedeutete das Ende einer Epoche.

Als Erinnerung durfte sein treuer Kammerdiener Ketterl eine Haarlocke des verstorbenen Kaisers an sich nehmen, die er bis zu seinem Tod in Ehren hielt und die sich in seinem Nachlass befand.

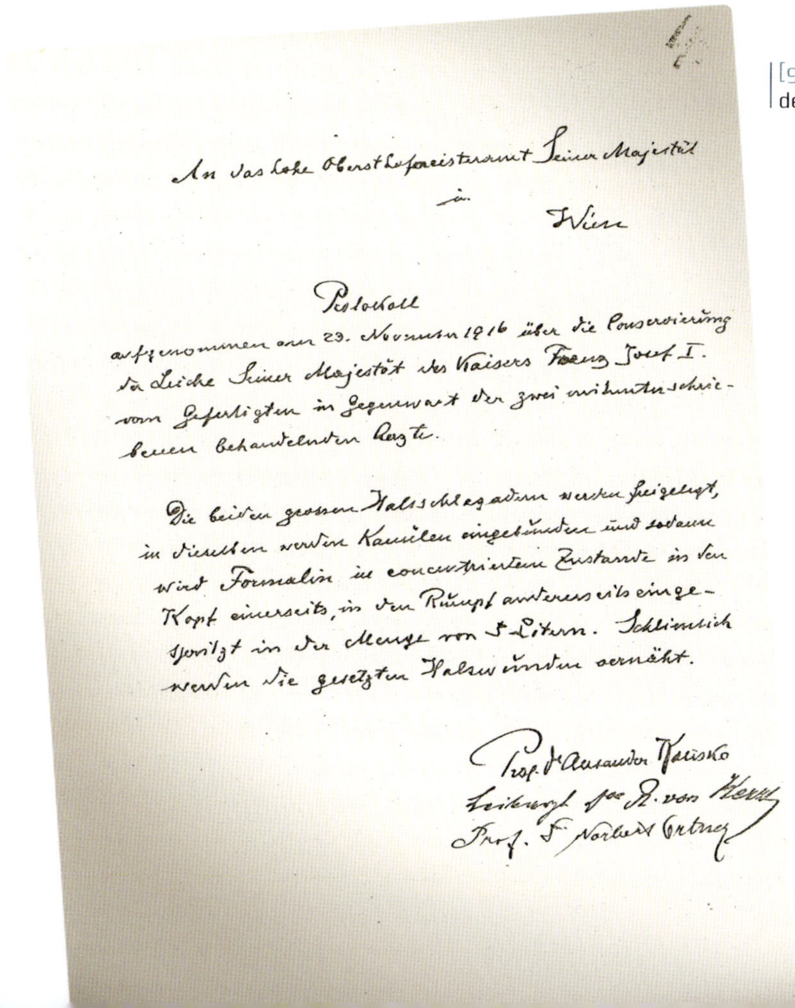

An das hohe Oberstehofmeisteramt Seiner Majestät
in
Wien

Protokoll
aufgenommen am 23. November 1916 über die Conservierung
der Leiche Seiner Majestät des Kaisers Franz Josef I.
vom Gefertigten in Gegenwart der zwei unterschriebenen behandelnden Aerzte.

Die beiden grossen Halsschlagadern werden freigelegt,
in dieselben werden Kanülen eingebunden und sodann
wird Formalin in concentriertem Zustande in den
Kopf einerseits, in den Rumpf andererseits eingespritzt in der Menge von 5 Litern. Schliesslich
werden die gesetzten Halswunden vernäht.

Prof. Dr. Alexander Kolisko
Leibarzt Prof. Dr. R. von Kerzl
Prof. Dr. Norbert Ortner

[99] Protokoll der Konservierung des Kaisers am 23. 11. 1916

99 Im Unterschied zu seinen Vorfahren hatte sich Franz Joseph strikt gegen die traditionelle Bestattungsform der Dynastie ausgesprochen, die eine Dreiteilung der Mitglieder des Herrscherhauses vorsah: Bestattung des Körpers in der Kapuzinergruft, der Eingeweide im Stephansdom und der Herzen in der Augustinerkirche. Franz Joseph wurde entsprechend seiner Verfügung *mit* seinen Organen in der Kapuzinergruft bestattet. Es wurde jedoch eine Balsamierung des Kaisers vorgenommen, von der folgendes Protokoll erhalten ist: »An das hohe Obersthofmeisteramt Seiner Majestät in Wien. Protokoll. Aufgenommen am 23. November 1916 über die Conservierung der Leiche Seiner Majestät des Kaisers Franz Josef I. vom Gefertigten in Gegenwart der zwei mitunterschriebenen behandelnden Ärzte. Die beiden grossen Halsschlagadern werden freigelegt, in dieselben werden Kanülen eingebunden und sodann wird Formalin in concentriertem Zustande in den Kopf einerseits, in den Rumpf andererseits eingespritzt in der Menge von 5 Litern. Schliesslich werden die gesetzten Halswunden vernäht. Prof. Dr. Alexander Karisko. Leibarzt Dr. R. von Kerzl, Prof. Dr. Norbert Ortner.«

100 Franz Josephs Begräbnis am 30. November 1916 war der letzte große Auftritt der österreichisch-ungarischen Monarchie, der auch filmisch vom österreichischen Filmpionier und Begründer der »Wien-Film« Sascha Kolowrat festgehalten wurde.

Die Trauerfeierlichkeiten erfolgten nach strengem Hofzeremoniell: Der Leichnam wurde zwei Tage in Schönbrunn aufgebahrt, danach wurde er in die Wiener Hofburgkapelle überstellt und dort in der Galauniform eines Feldmarschalls drei Tage öffentlich aufgebahrt, damit sich die Bevölkerung verabschieden konnte. Von dort wurde der Sarg in einer von acht Rappen gezogenen Kutsche von der Hofburg über Heldenplatz, Schwarzenbergplatz, Ringstraße, Kai und Rotenturmstraße zum Stephansdom transportiert, von wo er nach einer öffentlichen Messe über die Kärntner Straße in die Kapuzinergruft überführt und dort bestattet wurde.

[100] Der Begräbniszug am Heldenplatz, historische Fotografie aus dem persönlichen Nachlass Katharina Schratts

Kriegshilfsbüro d.K.k.M.d.I.
"Kaisertrauer,,
„Kaisertrauer“
zum Preise von K 3.—

[100] Konvolut Trauergegenstände des Begräbnisses Kaiser Franz Josephs am 30. November 1916. »Kaisertrauer«-Maschen, »Kaisertrauer«-Medaillen und »Kaisertrauer«-Kokarde auf originalen Kartons des Kriegshilfebüros des k. k. Ministeriums des Inneren. Dazu Originaler Briefumschlag mit Briefkopf des Kriegshilfebüros

Anmerkungen

1 Fürstin Nora Fugger, Im Glanz der Kaiserzeit, Wien 1980, S. 101.
2 Zit. nach Gerd Holler, Sophie. Die heimliche Kaiserin, Wien 1993, S. 18.
3 Zit. nach Egon Caesar Conte Corti, Vom Kind zum Kaiser. Die Jugend Kaiser Franz Josephs, Wien 1950, S. 161f.
4 Louise von Sturmfeder, Die Kindheit unseres Kaisers, Briefe der Baronin Louise von Sturmfeder, Aja Seiner Majestät, aus den Jahren 1830–1840, Wien 1910, S. 143.
5 Georg Nostitz-Rieneck (Hg.), Briefe Kaiser Franz Josephs an Kaiserin Elisabeth, Bd. 1, Wien 1966, S. 16 und 27f.
6 Gabriele Praschl-Bichler, Unsere liebe Sisi. Die Wahrheit über Erzherzogin Sophie und Kaiserin Elisabeth. Aus bislang unveröffentlichten Briefen, Wien 2008, S. 19f.
7 Tagebuch der Erzherzogin Sophie, zit. nach Egon Caesar Conte Corti, Kaiser Franz Joseph, Mensch und Herrscher, Wien 1952, S. 181.
8 Brief der Erzherzogin Sophie an ihre Schwester Marie, Königin von Sachsen, Abschrift der Hofdame Paula Königsegg, veröffentlicht in der Reichspost vom 22.04.1934, S. 9.
9 Gudula Walterskirchen, Beatrix Meyer, Das Tagebuch der Gräfin Marie Festetics, St. Pölten 2014, S. 90f.
10 Martha und Horst Schad (Hg), Marie Valerie von Österreich. Das Tagebuch der Lieblingstochter von Kaiserin Elisabeth, München 2006, S. 305.
11 Österreichisches Staatsarchiv, Haus-, Hof- und Staatsarchiv, Selekt Kronprinz Rudolf, Karton 16, fol. 47.
12 Schad, S. 34.
13 Schad, S. 307.
14 Anonymus, Kaiser Franz Joseph und sein Hof, Wien 1984, S. 220.
15 Brigitte Hamann, Kronprinz Rudolf, Majestät ich warne Sie, Geheime und private Schriften, Wien 1979, S. 387f.
16 Eugen Ketterl, Der Alte Kaiser wie nur einer ihn sah, Wien 1980, S. 161f.
17 Walterskirchen/Meyer, S. 150.
18 Ketterl, S. 24f.
19 Ketterl, S. 28f., 33 und 42.
20 Ketterl, S. 16.
21 Brigitte Hamann, Meine liebe, gute Freundin. Die Briefe Kaiser Franz Josephs an Katharina Schratt, Wien 1992, S. 292f.
22 Fugger, S. 121f.
23 Ketterl, S. 13.
24 Walterskirchen/Meyer, S. 88f.
25 Schad, S. 273.
26 Hamann, Freundin, S. 435.
27 Anonymus, S. 129.
28 Zit. nach Richard H. Kastner, Glanz und Glorie. Die Wiener Hofburg unter Kaiser Franz Joseph, Wien 2004, S. 146.
29 Tagebuch Marie Festetics, zit. nach Corti 1952, S. 203.
30 Gudula Walterskirchen, »Der Franzi war ein wenig unartig«. Hofdamen der Habsburger erzählen, St. Pölten 2013, S. 97.
31 Ketterl, S. 54.
32 Ketterl, S. 114.
33 Nostiz-Rieneck, Bd. 2, S. 310.
34 Hamann, Freundin, S. 366f.
35 Ketterl, S. 111.
36 Ketterl, S. 16.
37 Ebenda.
38 Gabriele Praschl-Bichler, Kaiser Franz Joseph ganz privat. Wien 1994, S. 69.
39 Jean Bourgoing, Briefe Kaiser Franz Josephs an Frau Katharina Schratt, Wien 1949, S. 146.
40 Ketterl, S. 79.
41 Bourgoing, S. 194.
42 Ketterl, S. 43.
43 Bourgoing, S. 385.
44 Ketterl, S. 43.
45 Katrin Unterreiner, Kein Kaiser soll uns stören. Katharina Schratt und ihre Männer, Wien 2014, S. 54; Haus-, Hof- und Staatsarchiv (HHSTA), Habsburg-Lothringen Familienarchiv, Nachlass Schager-Eckartsau 1-2/1889 III 2 fol. 79.
46 Ketterl, S. 175.

Literatur

Anonymus, *Das Liebesleben der Habsburger, Wahrheit statt Dichtung*, Wien 1922

Anonymus, *Kaiser Franz Joseph und sein Hof*, hg. von Josef Schneider, Wien 1919/1984

Hans Bankl, *Die kranken Habsburger. Befunde und Befindlichkeiten einer Dynastie*, Wien 2001

Jean de Bourgoing, *Briefe Kaiser Franz Josephs an Frau Katharina Schratt*, Wien 1949

Josef Cachée, *Die k. u. k. Hofküche und Hoftafel*, Wien 1987

Egon Caesar Conte Corti, *Vom Kind zum Kaiser. Die Jugend Kaiser Franz Josephs*, Wien 1950

Egon Caesar Conte Corti, *Kaiser Franz Joseph, Mensch und Herrscher*, Wien 1952

Egon Caesar Conte Corti, Hans Sokol, *Der alte Kaiser*, Wien 1955

Otto Ernst, *Franz Joseph I. in seinen Briefen*, Wien 1924

Fürstin Nora Fugger, *Im Glanz der Kaiserzeit*, Wien 1932/1980

Brigitte Hamann, *Kronprinz Rudolf, Majestät ich warne Sie. Geheime und private Schriften*, Wien 1979

Brigitte Hamann, *Meine liebe, gute Freundin. Die Briefe Kaiser Franz Josephs an Katharina Schratt*, Wien 1992

Ingrid Haslinger, *Tafeln wie ein Kaiser. Franz Joseph und die kulinarische Welt des Wiener Hofes*, Wien 1999

Max Herzig (Hg.), *Viribus Unitis. Das Buch vom Kaiser*, Wien 1898

Gerd Holler, *Sophie. Die heimliche Kaiserin*, Wien 1993

Richard H. Kastner, *Mit Kaiser Franz Joseph auf Reisen*, Wien 2002

Richard H. Kastner, *Glanz und Glorie. Die Wiener Hofburg unter Kaiser Franz Joseph*, Wien 2004

Cissy Klastersky (Hg.), *Der alte Kaiser wie nur einer ihn sah. Der wahrheitsgetreue Bericht seines Leibkammerdieners Eugen Ketterl*, Wien 1929/1980

Georg Nostitz-Rieneck (Hg.), *Briefe Kaiser Franz Josephs an Kaiserin Elisabeth*, Wien 1966, 2 Bde.

Hans Pauer, *Kaiser Franz Joseph I., Beiträge zur Bild-Dokumentation seines Lebens*, Wien 1966

Gabriele Praschl-Bichler, *Kaiser Franz Joseph ganz privat*, Wien 1994

Gabriele Praschl-Bichler, *Kaiserliche Kindheit. Aus dem aufgefundenen Tagebuch Erzherzog Carl Ludwigs, eines Bruders von Kaiser Franz Joseph*, Wien 1997

Gabriele Praschl-Bichler, *Unsere liebe Sisi. Die Wahrheit über Erzherzogin Sophie und Kaiserin Elisabeth. Aus bislang unveröffentlichten Briefen*, Wien 2008

Martha und Horst Schad (Hg.), *Marie Valerie von Österreich. Das Tagebuch der Lieblingstochter von Kaiserin Elisabeth*, München 2006

Franz Schnürer, *Briefe Kaiser Franz Josefs an seine Mutter*, München 1939

Anna Maria Sigmund, *Die verschollenen Tagebücher Franz Josephs*, Wien 1999

Louise von Sturmfeder, *Die Kindheit unseres Kaisers. Briefe der Baronin Louise von Sturmfeder, Aja Seiner Majestät, aus den Jahren 1830–1840*, Wien 1910

Katrin Unterreiner, *Kronprinz Rudolf. Ich bin andere Wege gegangen*, Wien 2008

Katrin Unterreiner, *Die Habsburger. Mythos und Wahrheit*, Wien 2011

Katrin Unterreiner, *Kein Kaiser soll uns stören. Katharina Schratt und ihre Männer*, Wien 2014

Katrin Unterreiner, *Franz Joseph I. Mythos und Wahrheit*, Wien 2015

Katrin Unterreiner, Sabine Fellner, *Morphium, Cannabis und Cocain. Medizin und Rezepte des Kaiserhauses*, Wien 2008

Katrin Unterreiner, Sabine Fellner, *Frühere Verhältnisse. Geheime Liebschaften in der k. u. k. Monarchie*, Wien 2010

Gudula Walterskirchen, *»Der Franzi war ein wenig unartig«. Hofdamen der Habsburger erzählen*, St. Pölten 2013

Gudula Walterskirchen, Beatrix Meyer, *Das Tagebuch der Gräfin Marie Festetics*, St. Pölten 2014

Leopold Wölfling, *Habsburger unter sich. Freimütige Aufzeichnungen eines ehemaligen Erzherzogs*, Berlin 1921

Leopold Wölfling, *Als ich Erzherzog war*, Berlin 1935

Personenregister

Bildnachweis

S. 9 (Foto Philipp Kreidl), 12, 29 (Foto Philipp Kreidl), 39, 43 (Foto Philipp Kreidl), 49 r., 51 o., 54, 55, 56, 59, 61 o., 63 o., 64, 78, 80 o., 82 o., 84 l., 85 o. und m., 87 o. (Foto Philipp Kreidl), 90 r., 91, 92, 93, 94, 98 r., 99, 105, 109, 111, 116, 117, 118 o., 120 o.r., 121 r., 126, 127 r. (Foto Philipp Kreidl), 128 o., 130 o., 133, 137, 138, 159, 162 o.r., 163 o.r., 168, 169, 174, 175, 180 o., 181, 183: © Landessammlungen Niederösterreich – Kaiserhaussammlung

S. 72, 82 u., 150 o.: © Hermann Historica München

Alle anderen Abbildungen: Landessammlungen Niederösterreich – Kaiserhaussammlung © Dorotheum

Danksagung

Mit ganz herzlichem Dank an:
Michaela Bergen-Portisch, Dorotheum, Wien
Ingeborg Fiegl, Dorotheum, Wien
Thomas Just, Haus-, Hof- und Staatsarchiv, Wien
János Papházy, Schloss Gödöllö
Ernst-Ludwig Wagner, Hermann Historica, München
sowie das gesamte Kunsttrans-Team, insbesondere Gregor Kahr